눈은 몸의 등불이니

눈은 몸의 등불이니

초판 1쇄 찍은 날 · 2007년 10월 26일 | 초판 1쇄 펴낸 날 · 2007년 11월 2일

지은이 · 안용근 | **펴낸이** · 김승태

편집 · 이덕희, 방현주 | **디자인** · 이훈혜, 이은희
영업 · 변미영, 장완철 | **물류** · 조용환, 엄인휘

등록번호 · 제2-1349호(1992. 3. 31.) | **펴낸 곳** · 예영커뮤니케이션
주소 · (110-616) 서울 광화문우체국 사서함 1661호 | **홈페이지** www.jeyoung.com
출판사업부 · T. (02)766-8931 F. (02)766-8934 e-mail: jeyoungedit@chol.com
출판유통사업부 · T. (02)766-7912 F. (02)766-8934 e-mail: jeyoung@chol.com
제작 예영 B&P · T. (02)2249-2506~7

copyright©2007, 안용근

ISBN 978-89-8350-450-0 (03230)

값 10,000원

눈은 몸의 등불이니

안용근 지음

예영커뮤니케이션

차 례

머리말 6

1장 영광스런 자유 구원과 성령   9

은혜로 인간을 구원하시는 때 · 11 / 하나님 자녀들의 영광스런 자유 · 14 / 그치지 않고 흐르는 생명수의 강 · 17 / 모든 것에 완전히 자유로운 주인 · 20 / 믿음을 통해 구원 받은 자들 · 23 / 죽음의 법과 생명의 성령의 법 · 26 / 하나님께로 가는 진리의 길 · 29 / 진리의 보혜사 성령 · 32 / 성령께서 부어진 새 생명 · 35

2장 빛을 보는 눈 영적 분별과 영적 성장   39

하늘을 향해 있는 영혼 · 41 / 다른 복음을 전파하는 것 · 44 / 하나님께 붙잡힌 바 된 양심 · 47 / 의인의 길과 악인의 길 · 50 / 거룩한 산 제물로 드리라 · 53 / 하나님의 빛을 보는 눈 · 56 / 할례를 받고 새사람이 되었는가 · 59 / 영적 전쟁을 위한 준비 · 62 / 믿음 안에서 의롭게 되었다 · 65 / 영적인 눈을 뜬 사람 · 68 / 하나님 지향적인 정체성 · 71

3장 주께서 하신 일 부르심과 화평   75

그리스도의 형상을 본받아 · 77 / 불가항력적인 은혜 · 80 / 뜻대로 부르심을 입은 자 · 83 / 어떻게 의를 가지겠는가 · 86 / 주께서 행하신 일 · 89 / 평화의 언약을 맺는 하나님 · 92 / 더불어 화평을 누릴 수 있도록 · 95 / 화평을 만드는 그리스도인 · 98

4장 잠잠한 양 같이 십자가와 고난   101

털 깎는 자 앞의 양 같이 · 103 / 주님의 한숨과 탄식을 들으라 · 106 / 주님의 발자취를 따르라 · 109 / 그리스도인의 마음에 하나님의 씨 · 112 / 그리스도의 이름을 위해 고난 받는 것 · 115

5장 새로운 피조물 예수님의 부활   119

부활하신 주께서 함께하시고 · 121 / 제자들 가운데 나타나신 주님 · 124 / 온전히 그 자신으로 사는 것 · 127 / 하늘과 땅을 연결하는 주 예수 · 130 / 주여 나 마음에 임하시옵소서 · 133 / 의의 병기로 거듭난 사람 · 136 / 주 안에서 새로운 피조물이 되라 · 139

6장 레마를 소유하라 성경과 말씀   143

심령을 변화시키는 레마의 말씀 · 145 / 볼 수 없는 것을 볼 수 있게 하시고 · 148 / 심령을 쪼개는 살아있는 말씀 · 151 / 마음에 기록해 둘 새 언약 · 154 / 성령의 검인 '레마'를 소유하라 · 157 / 크로노스와 카이로스를 구별하라 · 160 / 그리스도의 말씀에서 나는 믿음 · 163

7장 겸손한 멍에 나눔과 사랑   167

섬기고 나누는 교회 공동체 · 169 / 주님의 온유하고 겸손한 멍에 · 172 / 하나님께로부터 오는 위로 · 175 / 긍휼히 여기는 자는 복이 있나니 · 178 / 값 없이 사랑하는 마음으로 · 181 / 자기를 낮추고 겸손하라 · 184

8장 쉴 만한 물가 가정과 자연   187

그리스도와 연합한 사랑의 가정 · 189 / 믿음 안에서 부모와 자녀의 관계 · 192 / 하나님이 주신 축복된 이름 · 195 / 자연을 다스리는 청지기 · 198 / 주님이 주신 쉴 만한 물가 · 201 / 인류의 보금자리, 지구 공동체 · 204 / 선한 무화과와 악한 무화과 · 207 / 풍성한 열매를 맺는 감람나무 · 210 / 바다와 파도의 성난 소리 · 213

9장 의롭게 된 자 인물   217

가장 자유로운 왕과 제사장 · 219 / 오래 참으시는 하나님의 은혜 · 222 / 의롭게 된 자의 성령 충만 · 225 / 종교개혁의 선구자들 · 228

10장 어둠에서 빛으로 절기   231

그분의 길을 예비하라 · 233 / 베들레헴의 아기 예수 · 236 / 십자가로 막힌 담이 무너지다 · 239 / 어둠에서 빛으로, 죽음에서 생명으로 · 242 / 주님의 고난과 동행하다 · 245 / 슬픔과 고통을 이기는 부활의 소망 · 248 / 성령 충만한 그리스도의 몸 · 251 / 감사로 시작하는 그리스도인 · 254

머리말

주께서 "눈은 몸의 등불이니 그러므로 네 눈이 성하면 온 몸이 밝을 것이요 눈이 나쁘면 온 몸이 어두울 것이니 그러므로 네게 있는 빛이 어두우면 그 어둠이 얼마나 더하겠느냐"(마 6:22-23)라고 하셨습니다. 이때 '눈은 몸의 등불이니' 라는 말은 우리의 눈을 통해 빛을 받아들이고 몸이 움직일 수 있게 된다는 것을 뜻합니다. 성경에서 '눈' 은 개인의 '삶의 방향' 을 나타내고 있습니다. '좋은 눈' 은 하나님께 초점을 맞추지만 '나쁜 눈' 은 물질에 대한 탐욕으로 향합니다.

하나님의 빛이 예수 그리스도를 통해 우리 안에 머무시는 동안 성령께서는 우리를 따사롭게 위로하시고 바른 길로 이끄십니다. 하나님의 성령께서는 우리 영혼에 새로운 생명을 주시고 우리 영혼의 행위가 어디로 향해 움직여 가야 하는지를 가리켜 줍니다. 성령께서는 당신의 향기로 우리를 취하게 하시고 빛으로 우리의 영혼을 가득 채워 주실 때 우리의 영의 눈을 뜨게 하십니다.

바울은 회심할 때 하나님의 빛을 눈을 통해 마음 속에 받았는데 그 빛은 그리스도의 얼굴에 나타난 하나님의 영광을 아는 빛이었습니다. 바울은 그 빛을 경험하고 그 빛을 반사시켜 전했습니다. 바울은 우리의 깨지기 쉬운 질그릇 안에도 그 하나님의 '임재의 빛' 을 담아 주심으로써 우리의 보배가 되게 하셨다고 했습니다(고후 4:6-7).

그리고 바울은 "우리 주 예수 그리스도의 하나님, 영광의 아버지께서 지혜와 계시의 영을 너희에게 주사 하나님을 알게 하시고 너희 '마음의 눈'을 밝히사 그의 부르심의 소망이 무엇이며 성도 안에서 그 기업의 영광의 풍성함이 무엇이며 그의 힘의 위력으로 역사하심을 따라 믿는 우리에게 베푸신 능력의 지극히 크심이 어떠한 것을 너희로 알게 하시기를 구하노라"(엡 1:17-19)고 기도했습니다.

이 책에 담겨져 있는 글들을 읽어 주실 귀하신 분들이 '마음의 눈'으로 볼 때 같은 은혜를 나눌 수 있기를 바랍니다. 제가 살아 온 70여 년의 생애를 요약한다면 '감사합니다'가 될 것 같습니다. 보살펴 주신 하나님의 은혜가 내 잔에 넘치고 많은 고마운 이들에게 사랑의 빚을 졌기 때문입니다. 또 예영커뮤니케이션의 사랑을 받게 되어 깊이 감사합니다. 영어의 'communication'은 공유(共有)를 뜻하는 라틴어 'communis'에서 온 것이라 알고 있습니다. 바라기는 우리 모두가 주 예수의 영광을 공유하는 한 가족이 될 수 있기를 기도합니다.

2007년 10월 22일
안 용 근

1장 영광스런 자유 구원과 성령

은혜로 인간을 구원하시는 때

너희의 죄가 주홍 같을지라도 눈과 같이 희어질 것이요
진홍 같이 붉을지라도 양털 같이 희게 되리라(사 1:18)

　과거의 부정직한 것들은 많은 사람들에게 반복될 것이라는 두려움이 되고 있고 이것들이 사람들을 속박할 수 있습니다. 더욱 안타까운 것은 그러한 두려움이 현재의 삶을 마비시키고 있는 것입니다. 그러나 호라(Thomas Hora)가 말했듯이 "그리스도인에게는 과거는 없고 미래가 지금 있습니다." 넓은 의미에서 과거와 미래에 대한 인간의 태도는 현재를 구성할 수 있으므로 삶의 조화를 위해 시간에 대한 적절한 실존적 태도를 취해야 합니다.

　사도 바울은 그리스도를 얻기 위해 이전의 삶 전체를 철저하게 버리고(빌 3:8), 시선을 예수 그리스도께 고정시켜 그 푯대를 향하여 전진해야 함을 시사하고 있습니다(빌 3:14). 실로 예수 그리스도의 복음의 핵심은 주 안에서 실패와 상실로 점철된 과거가 극복되고 인간과 세상에 주어질 미래의 영광이 천국에서 지금이라는 시점에 이미 현존한다는 것입니다(엡 2:6).

　주님께서 세상에 계실 때 사두개인(Sadducees)은 우리 나라 저질 정치인들과 같이 나라와 민족보다 자파(自派)의 권리 유지에 급급했으며, 부활을 부정했고(마 22:23, 막 12:18, 눅 20:27), 영생을 깨닫지 못했습니다. 또 사두개인들은 천사와 영을 부인하고(행 23:8) 현실적인 이기주의에 골몰하여 경건한 마음과 태도를 잃어버렸습니다.

엣세네 파(Essenes)가 생긴 것은 대제사장 제도가 세속화되기 시작하던 때부터였습니다. 팔레스타인의 귀족적인 제사제도가 헬레니즘의 영향 하에서 점차 민중의 관심과 존경을 잃었기 때문입니다. 이러한 때(BC 167) 안티오커스의 강압적인 유대교 헬라화에 대한 반항으로 마카비 전쟁이 있었고 그 직후에는 엣세네 수도단이 나타났습니다.

엣세네 파 사람들은 노동하여 살되 유무상통하며 사유재산과 혼인을 부정하고 육식을 하지 않으면서 소박한 단벌 옷만 소유했습니다. 대변을 억제할 정도로 안식일을 철저하게 지키며 영생을 믿었고 모세를 하나님 다음으로 추앙했습니다. 주께서도 그들은 비방치 않으셨으며 세례 요한도 엣세네였을 것으로 생각되고 있습니다.

'분리주의자'를 뜻하는 바리새인(Pharisees)은 사두개인의 자유주의와 엣세네 파의 숙명론의 중간을 취하여 사람이 죽으면 의인의 영혼은 새 몸을 입고 악인의 영혼은 음부에서 벌을 받을 것이라 했습니다(행 23:7-9). 바리새인이 되면 안식일, 십일조, 의식적인 정결의 율례를 지켜야 했으며 불결한 것을 구별하면서 자신을 세속에서 분리시키려 힘썼기 때문입니다.

바리새인의 최대 관심은 율법(토라), 곧 후일 히브리어로 법을 의미하는 '할라카'와 비법규적인 인간전승의 설화, 콩트 등을 의미하는 '하가다'라는 2대 요소로 이루어진 탈무드에 있습니다. 또 메시아 왕국의 건설과 이스라엘 원수의 형벌을 열망한 계시 문학은 엣세네 파보다 바리새 파에서 나온 것으로 보고 있습니다.

선지자 이사야는 "너희 죄가 주홍 같을지라도 눈과 같이 희어질 것이요 진홍 같이 붉을지라도 양털 같이 희게 되리라"(사 1:18)라고 예언했습니다. 아브라함과의 언약이 430년 후 모세에게 주어진 율법에 의해 무효화될 수 없습니다(갈 3:17). 주께서도 제자들에게 "죽은 자들로 그들의 죽은 자를 장사하게 하고 너는 나를 따르라"(마 8:22)고 하셨으므로 현재 우리는 주와 함께 일해야 합니다. 먼저 과거는 주님의 치유를 통하여 종지부를 확실하게 찍어야 합니다.

사도 바울은 "지금은 은혜 받을 만한 때요 보라 지금은 구원의 날이로다"(고후 6:2)라고 말했습니다. 사도 바울은 하나님께서 은혜로 인간을 구원하시는 때가 되었음을 강조하면서 하나님과 화해를 이루라는 외침을 듣는 사람들이 그 메시지와 그 메시지를 전하는 이들을 경멸해서는 안 된다고 하였습니다. 하나님의 은혜를 헛되이 받거나 자신에게 부여된 책임을 회피하는 것은 죄가 될 수 있기 때문입니다.

사람의 목표는 '부재' 보다 '현존' (現存)이고 '자아 폐쇄' 보다 '자아 초월'이어야 합니다. 이러한 의미에서 마르틴 부버(Martin Buber, 1878-1965)가 죄를 '자신 안에 머무는 것' 이라 한 것은 적절한 묘사입니다. 죄에서 벗어나는 길은 자신을 다른 사람에게 개방하여 '우리' 가 되게 하고 궁극적으로 하나님의 무한하신 사랑과 긍휼하심에 응답하는 것입니다.

하나님 자녀들의 영광스런 자유

진리가 너희를 자유롭게 하리라(요 8:32)

요한복음에서 신앙은 소유물이 아닌 하나의 과정으로 표현하고 있습니다. 곧 '믿음'(피스티스)이란 명사가 한 번도 사용되지 않고 '믿다'(피스튜오오)라는 동사만 93회 사용하고 있기 때문입니다. 따라서 요한에게 중요한 것은 믿음을 지니고 있는가 보다 지금 믿고 있으며 세상을 초월하여 자기를 하나님께 인도하시는 분으로 주 예수를 믿고 있는가 라는 물음이었습니다. 또 요한에게 주를 '믿는다'는 것은 그분께 다가가 그분 안에 머무르면서 그분의 말씀을 듣는 인격적 관계를 뜻하며 주님의 말씀대로 살고 그 말씀에 거함을 의미합니다.

주님의 말씀 안에 거하는 사람은 진리를 깨달으며 참된 실재에 눈 뜨게 됩니다. 주께서는 이것을 '진리가 너희를 자유롭게 하리라'(요 8:32)는 아름다운 문장으로 표현하셨습니다. 이때 진리는 참되고 믿어야 하는 명제나 이론이 아니라 참된 실재, 곧 하나님의 실재를 뜻합니다. 또 진리는 인간을 하나님의 피조물로 인식하는 것입니다. 이것은 인간의 자유가 하나님의 의지를 수행하는 데 있다는 것을 의미합니다. 곧 인간의 환경이나 인간 자체에는 하나님의 의지를 거스를 힘이 없다고 보는 것입니다(욥 42:5).

예수 그리스도를 믿고 주를 통해 하나님을 바라보는 그리스도인은 이 세상의 환상에서 벗어나 자유롭게 될 것이며 자기 자신에 대한 착각에서 벗어나게 됩니다. 그는 자신의 과거와 현재의 일상적인 테두리어 서 자유롭게 되고 참된 실재와의 만남을 통하여 자기 자신과 만나고 있기 때문에 이제 더이상 스스로를 위해 싸우지 않아도 됩니다. 그리스도가 주시는 자유는 참 자유이며(요 8:36), 아바 아버지라고 부르면서 담대하게 은혜의 보좌로 다가가는(히 4:16) 자유입니다.

자유에 관한 철학적 견해에는 인간의 정신이 자기를 규정할 수 있다는 의지의 자유를 주장하고 인간은 주위의 필연적인 법칙의 지배에 구속되지 않으면서 완전히 자유롭게 결정하고 행위할 수 있다는 주장이 있습니다. 다른 하나는 자연에 의해서도 사회에 의해서도 그것들에 작용하고 있는 인과·필연의 연쇄에 의해 인간은 완전히 규정 당하고 자유는 완전히 부정된다는 숙명론으로 상호 대립되거나 변증법적으로 상호 관련을 이루고 있습니다.

구약에서 자유(호프쉬)는 다만 노예를 놓아주는 것에 쓰였고 출애굽이나 바벨론 포로에서 귀환에는 사용되고 있지 않습니다. 신약에서 자유(엘류데리아)는 하나님 자녀들의 영광스런 자유(롬 8:21)로서 주의 영이 계신 곳에 존재합니다(고후 3:17). 이 자유는 주 안에서 우리를 자유케 하시려고 주신 바로 그 자유를 의미합니다(갈 2:4, 5:1). '자유롭게 해 준다' (엘류데로오)는 동사형도 주 예수를 통해 일어나거나 일어났던 행위에 대해서만 사용되었습니다(요 8:32, 36, 롬 6:18, 12:8, 갈 5:1).

루터(Martin Luther)는 그의 글 『그리스도인의 자유』(Von der Freiheit eines Christenmenschen)의 첫 부분에서 사도 바울의 고린도전서 9장 19절과 로마서 13장 8절의 말씀에 근거하여 '첫째, 그리스도인은 모든 것 위에 서는 주인이기 때문에 누구에게도 종속되지 않는다. 둘째, 그리스도인은 모든 일에 봉사하는 종이기 때문에 누구에게나 종속된다' 라는 두 명제, 곧 자유와 봉사라는 서로 모순되는 명제로 이해하고 있습니다.

중세 철학을 '신학의 시녀'라고 본 정신 풍토에서 신학부는 대학의 정점에 위치한 핵심이었습니다. 그러나 1809년에 신인문주의 이념에 의하여 창설된 베를린 대학의 특색이 된 인문주의적 대학(humanistische universitt)의 핵심은 신학부가 아닌 철학부였습니다. 칸트(Immanuel Kant)는 "철학은 신학의 시녀로서 옷을 받쳐 들고 그 뒤를 따르는 것이 아니고 등불을 들고 그 앞에 서야 하는 것이 되었다."고 비유했습니다.

그러나 신학에서 자유주의자(the Liberals)는 비평적 학문에 열중하고 있으며 과학과 철학 같은 인간적 이성과의 접촉을 시도하고 있습니다. 이 운동은 베를린 대학 설립에 참여한 슐라이에르마허(Friedrich Schleiermacher)가 시작하여 지금 미국에서 가장 활동적이며 학자들 사이에도 긴장과 혼란을 야기하고 있습니다. 물론 신학은 대학 강단에 국한되는 것이 아니라 목회 현장에서 그리스도인의 삶과 경건에서 시의적절한 관계를 유지할 때만 존재 가치가 있다고 생각합니다.

그치지 않고 흐르는 생명수의 강

내가 주는 물을 마시는 자는 영원히 목마르지 아니하리니
내가 주는 물은 그 속에서 영생하도록 솟아나는 샘물이 되리라(요 4:14)

청계천의 생명력을 다시 보는 기쁨은 감격스럽습니다. 주께서는 사마리아에 있는 수가라는 동네의 우물가에서 만난 여자에게 "내가 주는 물을 마시는 자는 영원히 목마르지 아니하리니 내가 주는 물은 그 속에서 영생하도록 솟아나는 샘물이 되리라"(요 4:14)고 하셨습니다. 수가(Sychar) 성은 세겜(행 7:16, 창 33:18)에서 동남편 길로 떨어져 있는 에발산을 등지고 자리하고 있는 무엇인가 막힌 상태를 뜻하는 동네입니다. 세겜은 예루살렘 북쪽 63킬로미터 지점의 중앙 산악지대에 있는 성읍이며 이 성읍을 중심으로 축복의 산이라 불리우는 그리심산(서편)과 저주의 산이라 일컬어지는 에발산(동쪽)이 있습니다(신 11:29).

수가라는 동네는 그 곳의 한 여인이 '야곱의 우물'(Jacob's Well)가에서 주님과 이야기를 했다는 데서 유명합니다(요 4:1-42). '야곱의 우물'은 오늘날도 2미터 가량 깊은데(요 4:11), 밑의 약 10미터는 자연석이요 위의 약 15미터는 쌓은 것이며 우물 위에 기념교회가 세워져 있습니다. 이 우물은 생수가 솟아나는 우물이 아니라 빗물이 들어가 괴는 저수 우물입니다. 따라서 요한복음 4장 14절의 "나의 주는 물은 그 속에서 영생하도록 솟아나는 샘물이

되리라" 하신 주님의 '생명수'에 대한 말씀과는 분명하게 대조가 됩니다. 이 우물은 요셉이 유산으로 받았던 것이며 그 당시는 목축지대 가운데 있었습니다.

요한복음에서 생명은 핵심개념이며 물리적 삶을 의미하는 '비오스'($\beta\iota os$) 와는 반대로 생명의 원리를 뜻하는 '조에'($\zeta\omega\eta$)라는 단어를 52회나 반복 사용하여 '살아 있음'과 '생명의 충만' 등을 나타내고 있습니다. 곧 영적 핵심을 상실하고 내적으로 죽어 있는 사람의 상처 난 내면을 치유하고 참된 생명에 이르는 길을 제시하고 있습니다. 주께서는 인간의 영혼을 생명과 내적 생동감으로 채워 주심으로써 사람들이 하나님을 체험할 수 있도록 인도하시길 원하시기 때문입니다.

요한은 당시 널리 퍼져 있던 두 숫자 3과 7의 상징을 이용하고 있습니다. 3은 성 삼위 하나님을 상징하고 7은 신적 생명을 통한 인간의 영광스러운 변화를 의미합니다. 불완전 수치 6과 완전수치 7 사이의 긴장은 가나 혼인 잔치의 여섯 돌 항아리에 채운 물의 변화에서 일어났고(요 2:1 이하), 남자 여섯을 남편으로 삼았던 사마리아 여인의 마음에도 은혜로 임했습니다(요 4:29). 주께서 야곱의 우물 곁에 앉으신 때와(요 4:6) 빌라도에 의해 십자가형을 선고 받으신 시간이 같은 제 육시(오늘날 낮 12시-정오)경이었고 완전함과 영광스러운 변화를 상징하는 숫자인 7을 향하고 있다는 점도 주목됩니다.

야곱의 우물에서 취하는 물은 육신의 갈증을 잠시 동안 충족시킬 뿐이지만 주께서 주시는 생명수는 영혼의 갈증(시 42:1, 사 55:1)을 해소해 주고 그 생명수를 마시는 사람의 속에서 영생하도록 솟아나는 샘물이 되리라고 하셨습니다. 곧 주님을 믿는 자는 내면 깊은 곳에서 생수의 강이 흘러나리라 하셨습니다. 성령께서 예수를 믿는 자에게 중생과 인도와 권능을 제공하고 하나님과 및 어린양의 보좌가 근원이 되어 늘 그치지 않고 흐르는 생명수의 강(계 22:1-2)이 예수를 믿는 자의 배에서 생수의 강으로 이어지게 하기 때문입니다(요 7:38-39).

　에스겔은 성전의 문지방 밑에서 흘러나온 생명을 주는 물줄기가 넓고 깊은 물이 되어 온 세상에 흘러 넘쳐 사람들에게 생명으로 축복하고 영원한 하늘에 이르게 하는 그리스도의 사역을 아름답게 그리고 있습니다(겔 47:1-12). 강물이 흘러내린 성전은 예수 그리스도의 몸(요 2:21)을 가리키며 흘러내린 강물은 주님의 '보혈의 강물' 입니다(요 3:5, 19:34). 흘러나온 생수는 바닷물을 소성시켰고(겔 47:8) 이 강물이 이르는 곳마다 모든 생물이 번성하게 될 것이라 했습니다. 하나님의 말씀은 생수입니다. 사람을 거룩케 하려면 물로 씻고 말씀으로 깨끗케 해야 하기 때문입니다.

　교회는 '생수의 강' 의 근원이 되어야 하며 그리스도인도 각기 성령의 샘으로서 언제나 신선한 물을 솟아나게 하는 성전이 되어야 합니다. 이 거룩한 생수가 죄악된 세상을 편만(遍滿)하게 적시면 구속의 역사가 일어나고 세파(世波)에 찌든 영혼들이 생기를 얻는 신비로운 능력을 나타낼 것입니다. 스가랴도 예루살렘 백성들이 전 인격적으로 회개하면 예루살렘의 영적 정화가 있을 것을 예언했습니다(슥 12:10-13:1).

모든 것에 완전히 자유로운 주인

그리스도께서 우리를 자유롭게 하려고 자유를 주셨으니
그러므로 굳건하게 서서 다시는 종의 멍에를 메지 말라(갈 5:1)

헬라어에서 '자유'(liberty, freedom)를 뜻하는 명사 '엘류데리아'
($\acute{\epsilon}\lambda\epsilon\upsilon\theta\epsilon\rho\acute{\iota}\alpha$)와 '자유롭게 하다', '해방하다'를 뜻하는 동사 '엘류델로오'
($\acute{\epsilon}\lambda\epsilon\upsilon\theta\epsilon\rho\acute{o}\omega$)는 '자유로운', '독립된', '속박되지 않은'을 뜻하는 형용사 '엘
류델로스'($\acute{\epsilon}\lambda\epsilon\acute{\upsilon}\theta\epsilon\rho\sigma$)에서 파생되었으며 신약성서는 물론 구약성서의 70인
역본에서도 사용되고 있습니다. 그런데 영어에서 'liberty'는 외부의 속박
에서 해방되는 자유를 말하며 미국의 독립선언이나 우리나라 헌법에도 보
장되어 있는 기본적인 인권 등을 들 수 있습니다.

또 'freedom'은 'liberty'와 같은 사회적이며 정치적인 자유가 아니라 내
면적으로 주체적인 자유를 말합니다. 곧 freedom은 법률과 제도로 보장되
는 liberty를 실현시키기 위한 원동력이 되는 내면적인 자유를 말합니다. 자
기의 욕망을 성취하기 위한 자유보다 상황에 따라 자기 욕망을 참는 자유가
필요하기 때문입니다. 사도 바울은 주께서 십자가를 지심으로 그리스도인
들을 율법의 속박에서 자유케 하셨으니 굳세게 서서 다시는 종의 멍에를 메
지 말라고 권면했습니다(갈 5:1, 롬 6:22).

프롬(Erich Fromm, 1900-1980)은 그의 『자유에서의 도피』(*Escape from*

Freedom)에서 주체성이 약한 인간이 자유 속에서도 불안을 느끼고 자유에서 도피하여 강력한 권위나 권력 밑에 몸을 던짐으로써 안정을 가지려 한다고 했습니다. 그것은 자유가 없는 사회에서 오랜 기간 생활한 이들에게 자유로운 사회의 다양성이 오히려 혼란스럽고 무질서하게 생각되고 방종으로까지 비쳐지기 때문입니다. 아우구스티누스(Augustinus, 354-430)도 그의 『고백록』(Confessiones)에서 죄악의 법은 습관의 폭력으로, 억지로 의식과 관계없이 죄악으로 빠지게 한다고 했습니다.

신명기 15장 12-18절은 하나님께서 히브리인 노예들의 중재를 위해 이스라엘을 애굽에서 해방시키신 것을 언급하고 있습니다. 이스라엘은 결코 타인의 소유물이 될 수 없으므로 불가피하게 종이 된 그날부터 6년 후에 값없이 놓아 자유를 주게 했습니다(출 21:2). 곧 이스라엘의 자유는 하나님에 의한 해방을 의미합니다(출 20:2, 삿 2:1). 예레미야 애가의 다섯 편의 시는 이스라엘이 직면한 자유의 종말을 탄식하였으나 3장 22-27절은 어두운 하늘의 빛을 노래하고 있습니다. 이 빛은 그리스도인들의 마음 속에 항상 빛나는 것이며 포로된 자에게 자유를 선포하기 위해 메시아가 오실 것이라는 약속으로 이어집니다(사 61:1-3).

주전 2세기의 마카비 가문(Maccabaeans)과 주님 시대의 열심당원은 정치적 자유를 통해 종교 자유를 추구했습니다. 그러나 주께서는 정치적 메시아가 아니었고 신약성서의 자유도 '주 안에서 갖는 자유'(갈 2:4) 곧 '주께서 우리를 자유롭게 하려고 주신 자유'를 의미합니다(갈 5:1). 하나님 자녀들이 바라는 것은 '썩어짐의 종 노릇 한 데서 해방되어 하나님의 자녀들의 영광의 자유에 이르는 것'입니다(롬 8:21). 주의 영이 계신 곳에는 자유가 있습니다. 곧 주 안에서 자유인은 주께 속한 자유인이요 동시에 '그리스도의 종'이기도 합니다(고전 7:22, 벧전 2:16, 롬 1:1).

사사시대는 역사상의 모든 나라의 흥망성쇠와 같이 여호와로부터의 이탈과 노예 상태에 빠짐, 그리고 회개와 해방이 반복되었던 시대였습니다. 주께서 전파하셨던 자유는 아버지께 돌아옴으로써 얻게 되는 그러한 자유였으며 인간적인 차원의 자유가 아니었습니다(마 4:17, 눅 24:47, 요 8:31-36). 곧 진정한 자유를 소유한 자는 하나님을 섬기고(살전 1:9), 의(義)에 종노릇하며 이웃을 섬기는 일에 자유로워질 수 있습니다(고전 9:19, 약 1:25). 그러므로 루터(Martin Luther, *The Freedom of Christian*)가 "그리스도인은 모든 것에 완전히 자유로운 주인이며 어떤 것에도 종속되지 않으나 모든 것에 온전히 충성스러운 종이 된다"고 말할 수 있었다고 생각합니다.

믿음을 통해 구원 받은 자들

여호와여 환난 때에 우리의 구원이 되소서(사 33:2)

　구약성서에서 출애굽이나 바벨론 포로의 귀환과 관련된 곳에서 해방이나 자유라는 단어를 발견할 수 없습니다. 그들은 하나님의 '구원'을 고백하고 있습니다(출 14:13, 사 56:1). 또 전쟁 중에서 하나님의 도우심으로 '구원'을 받을 수 있었다고 확신하고 있습니다(시 140:7). 이스라엘이 땅을 쟁취하거나 대적으로부터 구원을 받는 것도 하나님의 권능과 이름에 의한 것이었습니다(시 44:3,6 이하). 결국 전쟁의 승리는 하나님의 역사에 관련된 것이었습니다(시 33:16, 호 1:7). 그러나 이스라엘이 하나님의 구원 능력을 믿지 않을 때 하나님은 진노하셨습니다(시 78:21-22).

　이사야 33장은 직면한 환난에서 구원을 간구하는 전반부(1-6절), 간청에 대한 여호와의 응답(7-16절), 장차 올 예루살렘의 평화와 데시아적인 왕이 오실 것을 기록한 하반부(17-24절)로 구성되어 있습니다. 하나님을 공경하는 히스기야가 왕이 되고 6년이 못 되어 북쪽 왕국의 사마리아성이 앗수르의 왕 살만에셀에 의해 함락되었고(왕하 18:10), 그 때부터 8년 후 약 4년 간에 걸쳐 유대도 앗수르의 침략을 받았는데 처음은 사르곤에 의해, 두 번째는 그 아들 산헤립에 의해서입니다(왕하 18,19장). 이사야 선지는 이러한 앗수르의 침략을 받았던 절박한 환경을 극복하기 위해 여호와께 기도했습니다(사 33:2).

'돕다', '구해내다', '구원하다'(to save)라는 뜻의 히브리어 동사 '야샤'는 멍에나 곤경에서 구해낸다는 의미(출 2:17)와 또 자주 패배의 위험에서 구출되거나 구해달라는 뜻으로 사용되었습니다. "기브온 사람들이 길갈 진영에 사람을 보내어 여호수아에게 … 우리를 구하소서"(수 10:6)라 한 것은 죽음에 직면하여 구해달라는 요청이었습니다. 또 입다가 암몬과 전쟁을 하던 절박한 시간에 에브라임에게 함께 싸울 것을 요청했으나 응하지 않았을 때 "… 너희가 나를 그들의 손에서 구원하지 아니한 고로"(삿 12:2)라는 글에서 '야샤'는 '자유롭게 하다'에 강조점을 두고 있습니다.

사도 바울은 '믿음을 통해 구원 받은 자들'을 '멸망하는 자들'과 대조하고(고전 1:18, 고후 2:15), 이사야 49장 8절을 인용하면서 하나님의 은혜로 인간들의 구원이 현실화되었다는 것을 "보라 지금은 구원의 날"이라 했습니다(고후 6:2). 구원은 그리스도를 믿을 때만 얻게 되는 것이기 때문입니다(행 16:31). 그리스도인들은 '처음 믿을 때보다 가까운'(롬 13:11) 구원을 지향하고 인간성을 억압하고 있는 세력들에서 자유로울 때 종말론적인 구원에 이를 수 있습니다(고전 5:1-10). 이러한 세력들은 죄(롬 6:18-22, 8:2, 요 8:31-36), 사탄(마 12:22, 눅 13:16, 엡 6:12), 율법(롬 7:6, 갈 5:13-14), 사망(롬 6:20-23, 8:21) 등입니다.

로마서에서는 6장에서 죄에서 자유를, 7장에서 율법에서 자유를 설명하고 있고 8장은 이어서 사망에서 해방의 결과를 말하고 있습니다. 그리스도인도 시험하는 자에게 미혹을 당하기도 하지만(살전 3:5, 고후 2:11), 죄에 대해서는 아무런 틈도 주지 말아야 합니다(롬 6:12). 율법은 주 안에서 더 이상 구원의 길이 아닙니다(롬 10:4). 율법은 인간에게 더 죄에 민감케 하여(롬 7:7-13), 깊은 불신앙을 드러냈기 때문입니다(롬 5:20, 갈 3:19). 그리스도인들에게는 부활하신 주님의 승리로 사망의 쏘는 것을 제거 받고 사망의 공포에서도 해방되었습니다.

　우리 시대의 영적 거장인 존 스토트(John R. W. Stott)는 은혜(grace)를 "그리스도의 희생으로 얻은 하나님의 부요함"(God' s riches at Christ' s expense)이라 했습니다. 곧 인간이 의롭게 된 것은 행위에 의한 것이 아니고 주를 믿는 믿음에서 비롯되었으며 율법의 행위에 의해 의롭다 함을 얻을 육체가 없기 때문입니다(갈 2:16). 그러므로 구주를 영접하여 의롭다 하심(justification)을 받은 성도는 예정된 부르심의 소명을 감당하고(effectual call:ng), 그리스도의 장성한 분량에 이르러 영화(glorification)롭게 될 때까지 성령 충만하여 거룩함(sanctification, 聖化)을 유지해야 합니다(롬 8:28-30).

죽음의 법과 생명의 성령의 법

헬라와 로마(Greco-Roman) 문명의 오점 중 하나는 노예 제도였습니다. 그 당시 노예의 수는 자유시민의 수보다 많은 것이 보통이었습니다. 노예들 중에는 높은 교육을 받아 중요한 임무를 수행한 경우도 있었으나 대부분 법률적 권리가 없는 주인의 재산이었습니다. 사도 바울의 시대에 노예가 자유를 얻으려면 신전에서 해방의식을 치러야 했습니다. 곧 노예가 자유의 대가로 신 앞에 바치는 일정액의 돈(속전, 贖錢)은 노예 주인의 몫으로 돌아가고 해방의식을 통해 노예는 신의 소속이 되고 속량(贖良)되어 자유인으로 살 수 있게 되었습니다.

사도 바울이 말하는 그리스도의 구원 효과의 하나는 자유입니다(갈 5:1). 바울은 하나님이 예수 그리스도라는 속전을 내시고 인간을 죄의 노예상태에서 해방시켜 자유를 주신 것으로 간주했습니다. 곧 하나님은 예수 그리스도의 죽음으로 죄값을 치르시고 인간을 속량해 주신 것입니다(고전 6:20, 7:23). 그러므로 인간의 입장에서 보면 자신의 노력 없이 하나님의 사랑과 그리스도의 은혜로 구원을 거저 받은 셈입니다. 이때 헬라 세계에서 신전의 노예 해방의식과 바울의 표현이 피상적으로 비슷한 것 같지만 값을 치르는 자가 그 노예가 아니라 그리스도이시라는 점에 유의해야 합니다.

구약성서에서 하나님께서는 이스라엘의 구속자(고엘)로 자주 등장하고 있습니다. 곧 애굽의 노예 상태에서 이스라엘을 해방시키신 일(출 6:6-7, 신 7:8)과 홍해를 건너게 하신 일(사 43:1-2)은 구속자이신 하나님이 행하신 것입니다. 또 하나님은 제2이사야(4:14, 43:14, 43:6, 47:4)에서도 이스라엘의 구속자로 묘사되었고 바벨론의 포로생활에서 이스라엘의 귀환에도 적용되고 있습니다(시 51:11, 52:3-9). 하나님께서는 시내산에서 이스라엘이 하나님의 언약, 곧 율법을 지키면 열방 중에서 가장 귀중한 하나님 백성이 될 것이라 했습니다(출 19:5).

시간이 지나감에 따라 구약성서에서 구속이라는 개념은 마지막 날 하나님께서 당신의 백성을 위해 행하실 일에 관해 언급하는 종말론적 성격을 띠게 되었습니다(호 14:14, 사 59:20, 겔 13:9). 이러한 성격은 신약성경에도 나타나고 있습니다(눅 2:38, 24:21). 일반적으로 종말론적 구속은 깨끗하지 못함(不淨), 죄, 죽음에서 구출을 뜻합니다. 출애굽기 30장 12절에서 '생명의 속전'(코페르 나프쇼)은 20세 이상의 남자들의 생명이 하나님의 주권과 보호 하에서 하나님의 소유가 된 것을 뜻합니다. 곧 '코페르' 는 '죄를 덮는다' 는 동사 '카파르' 에서 온 '몸값', 신학적 용어로 '그리스도의 속량' 을 의미하고, '나프쇼' 는 '숨을 쉬다', '호흡하다' 라는 동사 '네페쉬' 에서 온 '그의 생명' 을 뜻하기 때문입니다.

신약성서에서 '속량하는 자' (λυτρωτής, '뤼트로오테에스' = ὁ 브리어 '고엘')는 사도행전 7장 35절에서 모세를 가리킬 때 단 한 번 사용되었을 뿐 바울은 그리스도를 결코 '뤼트로오테에스' 라 부르지 않았고 몸값(贖錢, λυτρον, 뤼트론)이라고도 하지 않았습니다. 물론 마태복음 20장 28절과 마가복음 10장 45절에 두 번 많은 사람의 '대속물' (뤼트론)로 표현하고 있으나 바울은 '구속' (ἀπολυτρωσις, 아폴뤼트로오시스), 곧 그리스도가 우리의 구속함이 되었다고 했습니다(롬 3:24, 8:23, 고전 1:30, 엡 1:7, 골 1:14). 이때 구속은 '얻으신 것을 속량'한다는 것을 의미합니다(엡 1:14).

시내산에서 주어진 모세의 율법은 하나님께서 아브라함에게 언약을 베푸시고 430년이 지난 후에 성립된 것입니다(갈 3:17, 출 12:40). 사도 바울의 "내가 율법으로 말미암아 율법에 대하여 죽었나니 이는 하나님에 대하여 살려 함이라"(갈 2:19)는 말씀에서 '율법'(νόμος, 노모스)은 관사 없이 쓰여졌으므로 본래적 의미의 '모세의 율법'이 아니라 비본래적인 혈육(사르키코스)의 율법을 가리키는 것으로 생각됩니다(참조 롬 7:12). 하나님과 그리스도의 '성령의 법'이 우리 '혈육의 법'을 물리칠 때 우리가 새 사람을 입을 수 있기 때문입니다.

죽음과 삶이 타협할 수 없듯이 혈육의 법과 하나님의 법, 죄의 법과 의의 법, 죽음의 법과 생명의 법이 함께 할 수 없습니다. 율법의 사람은 행위의 열매로 자기 의를 나타내지만 믿음의 사람은 하나님의 언약이 이루어질 것을 소망하면서 그리스도의 의를 증거하기 때문입니다. 그리스도께서는 십자가의 보혈과 사랑의 공로로 우리의 죄를 속량하시고 율법에 의해 억눌려 있는 상태에서 우리를 자유롭게 하셨습니다. 우리는 이제 담대하게 서서 다시는 종의 멍에와 같은 율법과 죄의 멍에를 메지 말아야 합니다(갈 5:1).

하나님께로 가는 진리의 길

주께서는 우리들에게 새 해, 새 하늘과 새 땅에 이어지는 새로운 살 길을 열어 주셨습니다. 로마서가 이방 교우들에게 보내진 서신이라면 히브리서는 유대 교우들에게 보내진 서신입니다. 4복음이 그리스도의 지상 대업을 말하고 있다면 히브리서는 하나님의 우편에 앉으신 그리스도의 하늘 사역을 그려주고 있다는 점에서 제5의 복음이라 불리기도 합니다. 또 히브리서 1장 1절부터 10장 18절까지 그리스도의 대제사장적 구속사역에 초점을 둔 교리를 다루었다면 10장 19절부터 13장 25절은 실천적인 권면을 담고 있습니다.

히브리서 10장 19-22절에서 그리스도인들에게 선포된 특권은 그리스도인들이 예배자로서 열납되었으므로 하나님께 가까이 '나아가자'는 것입니다. 곧 그리스도인들은 예수의 피를 힘입어 담대하게 하나님의 면전으로 나아갈 자유를 얻었고(19절), 그리스도인들이 그렇게 하나님 앞에 나아갈 '새롭고' '살' 길이 열려 있다는 점이며(20절), 그 길을 그리스도인들이 사용할 수 있는 것은 그리스도께서 그 길을 마련하셨기 때문입니다. 그리고 그 길로 그리스도인들이 나아가 성소에 들어가는 것은 그리스도 안에서 이루어진다는 것입니다(22절). 그리스도로 말미암지 않고는 아버지께로 올 자가 없기 때문입니다(요 14:6).

히브리서 9장 22절에서 '피흘림이 없은즉 죄사함이 없다' 는 말은 구약성서 레위기 16장에 기록된 속죄일(Yom Kippur)의 희생 제사와 연결됩니다. 대제사장은 일 년에 한 번 희생의 피를 가지고 지성소에 들어가 부지중에 지은 백성들의 죄들을 속(贖)하였습니다. 주께서 십자가에서 흘리셨던 피(히 10:19, 요일 1:7)는 대제사장이 드려왔던 속죄일의 희생 제사를 대신하여 자기의 생명을 바쳐 완전한 제사를 드린 것입니다. 곧 제물로 드려진 그리스도의 피는 그 분의 희생적 죽음을 자기를 위한 것으로 받아들이는 모든 사람들을 의롭게 합니다(롬 3:25, 5:19).

그리스도의 대속은 하나님과 그리스도인들 사이에 있는 모든 법적인 장애물을 제거했습니다. 그것은 또 율법의 여러 요구사항들을 성취했고 율법의 저주도 제거했으며 하나님과 그리스도인들 사이에 막힌 담을 허셨습니다. 그 증표로 주께서 운명하셨을 때 성전의 휘장이 위로부터 아래까지 반으로 갈라졌습니다. 또 성령께서도 피의 효력을 그리스도인들의 양심에 인치심으로써 그들은 이제 죄책감으로부터 벗어나 하나님을 무서워하는 데서 자유로워졌고 성소에 들어갈 담력을 가지고 하나님께 가까이 나아갈 수 있게 되었습니다.

히브리서 10장 20절에서 그 길은 희생 제물로서 예수의 죽음과 연결되어 있습니다. 주께서 성소의 휘장을 갈라 놓으심으로써 그 길을 예비하셨는데 이 휘장은 주님의 육체입니다. 주께서는 곧 하나님께로 가는 진리의 길이십니다(요 14:4,6). 주님의 일생, 죽으심과 부활은 우리에게 하나님께 이르는 길을 보여 주셨을 뿐 아니라 그 길을 걸어갈 수 있게 해 주셨습니다. 사도들도 그리스도를 믿고 살아가는 길만이 구원의 길이라 했습니다(행 18:26, 24:22). 주께서는 이전에 없었던 새롭고 살아 있는 접근로를 하늘을 향해 열어 놓으신 것입니다.

　인간을 하나님으로부터 갈라놓은 것은 물질이 아니라 죄입니다. 악한 양심에서 벗어나 하나님께 나아갈 수 있는 것은 오직 주님에 의한 대속을 통해서만 가능합니다(히 10:22, 롬 5:1). 또 우리가 하나님께 나아갈 수 있게 된 것은 하나님의 집을 다스리는 큰 제사장이 계시기 때문입니다(히 10:21). 그럼으로 이제 하나님께 나아가는 자들은 참마음과 온전한 믿음으로 나아가야 합니다. 이때 그들은 더 이상 죄책감에 짓눌려서도 안 되며 성별된 백성으로써 온전히 하나님을 위해 살기로 다짐하면서 나아가야 합니다.

　우주를 한없이 찬란한 모습으로 창조하신 하나님이 거룩한 생명의 신비를 우리에게 드러내 보이기 위해 피조물의 하나인 초라한 고을에 살던 처녀를 통해 사람이 되셨습니다. 주께서 지상에서도 한결같이 작고 천하고 가난하며 소외 받고 경멸 당하는 삶을 사셨습니다. 주께서 가난한 이들이 하나님을 만나 뵙는 통로가 되신 것도 그 때문이었습니다. 예수의 몸은 생명에 이르는 길입니다. 주 안에서, 주와 함께, 주를 통해 살고 있는 우리들은 선택 받은 것만 자랑할 것이 아니라 주의 길을 함께 걸어갈 수 있어야 합니다.

진리의 보혜사 성령

오직 성령이 너희에게 임하시면 너희가 권능을 받고(행 1:8)

교회력에 의하면 5월 30일은 부활절 후의 제7주일인 성령강림주일(펜테에코스테, πεντηκοστη)이며 옛 히브리의 오순절(五旬節)과 관련이 있습니다. 오순절은 유월절(Passover) 50일 후, 제3월 첫 월삭에 지켰는데(출 23:16, 34:22, 민 28:26-31) 맥추절(Feast of Harvest), 칠칠절(Feast of Weeks), 초실절(Feast of First Fruits)이라고도 했습니다. 사도행전 2장의 기록에 의하면 많은 경건한 유대인들이 사방에서 예루살렘에 모여들고 있었습니다. 오전 9시쯤 성령께서 사도들과 약 120명의 제자들에게 임하셨습니다(행 2:2-15). '불의 혀' (행 2:3)는 '타는 떨기' 나무(출 3:2)와 대조되어 신비스럽습니다.

이 놀라운 일을 제자들뿐만 아니라 오순절을 지키려고 모였던 많은 사람들도 경험했습니다. 오순절에 사도들이 방언을 할 때 세계 도처에서 모여든 유대인들이 복음을 자기 고향의 언어로 들을 수 있다는 사실에 크게 놀랐습니다. 술에 취한 것으로 의심하기도 하였으나(행 2:13), 베드로는 설교를 통해 때가 오전 9시여서 사람들이 취한 것이 아니라고 변호합니다(행 2:15). 주님은 승천하시기 전날 제자들에게 "오직 성령이 너희에게 임하시면 너희가 권능을 받고 예루살렘과 온 유대와 사마리아와 땅 끝까지 이르러 내 증인이 되리라"고 말씀하셨습니다. 베드로는 선지자 요엘(욜 2:28-32)의 성령 약속을 들어 예수 그리스도의 죽음과 부활에 대해 설교하셨습니다. 이때 베드로는 다윗의 시편(3:8-11, 110:1)을 근거로 인용하고 있습니다. 많은 사람들이 듣고 마음에 찔려서 사도들에게 "형제 여러분, 우리가 어떻게 하면 좋겠습니까"라고 물었고, 베드로는 회개와 세례를 권하였습니다. 이 날에 예수의 이름으로 세례 받은 자가 3,000명이었습니다. 실로 성령강림주일(Pentecost, Whitsunday)은 기독교 교회가 설립된 날이었습니다.

옛 오순절이 추수절이었으므로 새로운 오순절인 성령강림절에 '삼천 영혼'의 추수가 실현된 것은 당연한 일이었습니다. 그리스도의 부활이 이루어진 날부터 50일 후의 성령강림은 출애굽으로부터 50일 후에 모세에게 시내(Sinai)산에서 하나님이 십계명(데칼록)을 주신 것과 좋은 대조가 됩니다. 후대 유대교는 시내산에서 율법을 주신 것을 기념케 하여 추수절과 함께 율법의 날로 지키게 했습니다.

구약에서 성령은 '여호와의 신'으로 기록되고 있으며 '호흡하는 기운'(breath)을 뜻하고 있습니다. 여호와께서는 자연의 만물을 다스리시고(창 1:2, 욥 26:13, 37:10, 사 40:7), 사람의 생명도 성신의 능력에 의존한다고 합니다(창 2:7, 욥 33:4, 시 104:29, 전 3:18-21, 겔 37:3-14). 하나님 나라에 대한 봉사에 쓰이는 힘, 용기, 기술을 성신에 관련시켰으며(삿 3:10, 6:34, 11:29, 14:6, 삼상 11:6), 선지들의 활동에 새 국면을 전개하셨고(왕상 19장), 성신과 개인의 내적인 경험과 관련된 구절이 적지 않습니다(시 51:10, 139:7, 143:10).

신약에서 성령은 주님의 탄생(마 1:18,20, 눅 1:35, 요 1:14)과 세례(막 1:10, 마 3:16, 눅 1:35, 요 1:14)와 메시아 예언의 실현(눅 4:18, 마 12:28,32, 요 3:34)에 관련되었습니다. 요한복음에서는 성령의 임재하심이 예수께서 영광을 받으시는 것을 전제로 한 것이며(요 7:39), 성령이 진리의 영, 위로자, 보혜사로서 성도의 마음에 계신 그리스도의 생명과 사역을 완성시킨다고 하십니다(요

16:7-13). 사도 바울은 성령의 내재하시는 능력이 하나님의 아들이 된 의식(갈 4:6, 롬 8:16)과 하나님께 나아감을 얻게 한다고 하십니다(엡 2:18). 성령은 하나님과 그리스도의 영이시며(롬 8:9), 하나님의 구원계획이 효율적으로 시행되도록 성부와 성자 사이에 교통하시고(고후 13:13), 성도의 영혼에 능력으로 거하셔서 그리스도의 백성으로 인치시고, 우리의 기업에 보증이 되십니다(엡 1:13,14, 4:30).

성령의 강림은 사도행전에서 단 한 번의 역사적 사건만이 아니라 지금 여기에 무한히 계속되어야 합니다. 주 성령님과 함께하는 그리스도인의 삶은 언제나 새 생명과 소망으로 넘치도록 간구하고 하나님의 교회는 새로운 성령체험을 반복하면서 생명력이 넘치는 신앙을 추구하는 살아서 움직이는 그리스도의 몸된 공동체와 지체가 되어가야 합니다. 영적 성숙은 성령께서 지도하시는 인생의 영역이 넓혀지고 있음을 의미합니다.

하나님이여, 우리 속에 정한 마음을 창조하시고 우리 안에 정직한 영을 새롭게 하소서(시 51:10).

성령께서 부어진 새 생명

하나님도 한 분이시니 곧 만유의 아버지시라
··· 만유 가운데 계시도다(엡 4:6)

오직 한 분이신 하나님이라는 믿음은 구약성서(신 6:4)에서 계속되어 온 그리스도교 신앙의 토대입니다. 만유(πας, 파스)는 '모든 사람'이라 할 수도 있으나 전후 내용이 교회의 일치를 논하고 있으므로 '모든 그리스도인'으로 한정할 수도 있습니다.

또 만유의 아버지이신 하나님은 '만유 위에 계시고 만유를 통일하시고 만유 가운데 계십니다'(엡 4:6). 곧 사도 바울은 이 말씀에서 '위에'(ἐπί, 에피) '···을 통하여'(δία, 디아)와 '···안에'(ἐν, 엔)라는 세 개의 전치사를 사용하여 인간생활에서 보편적으로 나타나는 하나님의 역사와 권능을 표현하고 있습니다.

모든 만물의 창조주 되시는 하나님만 만물 위에서, 만물을 초월하여 계시는 초월자(transcendent)라 칭함을 받을 수 있습니다. 몸 된 교회의 머리이신 예수 그리스도께서는 각 마디를 '통하여' 하나 되게 하시고(엡 4:15, 16), 때가 차면 하늘과 땅에 있는 모든 것이 '그리스도 안'에서 그 분을 머리로 하여 통일될 것입니다(엡 1:7-12).

주께서 영광 가운데 들려 올라가실 때(딤전 3:33) 성부께로부터 받은 성령을 '만물 가운데' 부어주셨습니다(행 2:33). 성령께서는 '만유 가운데' 내재 (indwelling)하셔서 모든 사람에게 자기 죄를 회개하고 예수 그리스도께 돌아오라는 공개 초청(일반적 또는 외적 부르심)을 하고 계십니다(마 11:28, 16:24, 요 7:37).

또 성령께서는 성부께서 미리 살펴서서(예지: foreknowledge) 성자의 것으로 예정(predestination)하신 성도들이 올바른 믿음으로 부르심(특수하고 내적인 부르심)에 응답하여 생명을 얻게 합니다(유효한 부르심: effective calling).

성부께서 그리스도인을 의롭다(칭의: justification) 하시는 것은 그리스도께서 성부께 화목제물이 되셔서 성도를 구속(redemption)하신 사역에 기초를 두고 있습니다. 성령께서는 말씀, 곧 복음으로 주님의 구원사역을 현재화하고 구체화하여 우리 마음에 성자의 것으로 인치셔서 영적으로 소성케 하고 (重生: be born again) 죄에서 돌이켜(회개: repentance) 주를 믿게(faith) 됩니다.

성령께서 부어진 그리스도의 새생명은 하나님께 순종하고 더욱 선한 일을 하며 의로운 삶을 꾸릴 수 있게 되고(성화: sanctification), 죄 없으신 그리스도의 형상을 온전히 덧입게 됩니다(영화: glorification). 아우구스티누스 (Augustinus)는 이것을 '죄를 짓지 않을 수 없는'(논 포세 논 페카레: non posse non pecare) 상태에서 '죄를 짓지 않을 수 있는'(posse non pecare) 상태로의 변화로 설명하고 있습니다(롬 6:19-22).

칼빈(John Calvin)은 『기독교강요』 제1권에서 세상의 모든 것을 통치하시는 하나님의 섭리를 절대시하고 있습니다. 또 성서는 하나님에 대한 가장 좋은 인도자이므로 성서보다 교회를 우선하거나 계시를 직접 추구해도 안 된다고 했습니다(제1권은 신관과 성서관).

『기독교강요』 제2권에서는 인간의 타락과 타락한 인간을 구속하기 위해 하나님과 사람 사이에 중보자로서 그리스도의 성육신과 사역에 대하여 논하고 있습니다. 주님의 죽으심은 하나님과 사람 사이에 화해를 뜻하고 주님의 부활은 우리에게 새로운 삶을 주셨으며 주님의 승천으로 우리에게 하늘 가는 소망을 주신 것입니다.

『기독교강요』 제3권에서는 성령의 역사와 예정론을 서술하고 있습니다. 사람은 그리스도 안에서 믿음으로 말미암아 하나님의 긍휼과 의롭다 하심을 받습니다. 이 긍휼은 우리 마음(mind)에 계시되고 성령을 통하여 우리 마음(heart)에 인치셨습니다. 또 하나님은 영원 전부터 구원할 사람을 예정하셨다고 주장합니다.

『기독교강요』의 제4권은 교회론입니다. 칼빈은 교회가 하나님의 자녀를 양육하는 어머니이며 영생으로 인도하는 유일한 신적 기관이라 하였습니다. 또 하나님의 말씀이 전파되고 규모 있는 성례전이 집행되는 '잘 정비된 교회' 건설을 위해 분투할 것을 권면하고 있습니다. 곧 성부의 주권을 높이고 그리스도를 존귀케 하는 교회를 말합니다.

하나님은 이사야서에서 "하늘이 땅보다 높음 같이 내 길은 너희의 길보다 높으며 내 생각은 너희 생각보다 높음이니라"(사 55:9)고 말씀하셨습니다. 현재 진리는 개인적인 통찰력에서 비롯되는 것이라는 철학 사조를 이끌고 있는 무신론자나 다원론자의 사상은 거짓되고 터무니 없는 주장이므로 엄격하게 경계해야 합니다.

2장 빛을 보는 눈 영적 분별과 영적 성장

하늘을 향해 있는 영혼

의와 진리의 거룩함으로 지으심을 받은 새 사람을 입으라(엡 4:24)

"옛 사람을 벗어버리고"(엡 4:22), "새 사람을 입으라"는 말씀은 서로 대구 (對句)를 이루고 있습니다. '옛 사람'은 바울서신에서만 세 번(롬 6:6, 엡 4:22, 골 3:9) 나오는데 주 안에서 거듭나지 못한 '저희'들을 말합니다. '새 사람' 은 하나님께서 그리스도 안에서 이루신 구속사역을 통해 하나님의 형상 (Imago Dei)대로 재창조하신 하나님의 백성을 가리킵니다. '벗어버리고' '입 으라'는 말씀은 영성의 완전한 갱신을 말합니다. 곧 악령에서 벗어나 성령 님을 받아 누리는 것입니다.

사람은 자기를 의식하고 자신을 표현할 수 있는 영(靈, Spirit, πνεῦμα, 프뉴 마)을 가졌다는 점에서 동물과 구별됩니다. 사람의 영은 하나님과 교제하며 성령의 역사를 받아들이는 부분으로서 사람이 생각(intellect)하고 감정 (emotions)을 붙여 의사결정(will)을 하는 소위 지(知), 정(情), 의(意)라는 '혼(魂, soul, ψυχή, 프쉬케에)의 틀'을 통제합니다.

혼 곧 '프쉬케에'는 숨쉬다(ψύχω, '푸쉬코오')라는 동사에서 유래되었고 우 리의 성경에서는 목숨, 영혼, 마음 또는 생명으로 번역되고 있습니다. 전도 서 3장 19절부터 21절까지를 보면 사람과 짐승이 동일한 호흡을 가졌으나 사람의 혼은 위로 올라가고 짐승의 혼은 아래 곧 땅으로 내려간다고 말씀하고 있습니다.

헬라어로 사람을 안드로오포스($\check{\alpha}\nu\theta\rho\omega\pi os$)라 하는데 이것은 얼굴(프로소오폰, $\pi\rho\acute{o}\sigma\omega\pi o\nu$)을 위로(아나, ana) 들고 사는 존재를 의미합니다. 마음의 할례는 영적인 할례로 설명되고(롬 1:29), 성령은 우리 마음($\kappa\alpha\rho\delta\acute{\iota}\alpha$, 카르디아)에 주셨습니다(고후 1:22). 그러므로 영은 마음, 곧 혼에 거하고 여기에 성령께서 역사하신다고 이해됩니다(롬 8:16).

사도 바울은 데살로니가전서 5장 23절에서 다른 서신들이 사용하고 있는 이분법(영혼과 몸)에 대립하는 삼분법, 곧 영과 혼과 몸으로 표현하고 있습니다. 몸(body, $\sigma\bar{\omega}\mu\alpha$, 소오마)은 영과 혼을 담고 허용된 수명을 다할 때까지 장막의 구실을 합니다. 또 영이 혼에 거할 때 영혼이 되는 것으로 생각됩니다.

마음이 하늘을 향해 있으면 그 혼은 영원한 하나님 나라의 복된 생명이 되지만 짐승의 마음과 같이 땅만 바라보고 욕심만 챙기면 그 혼은 영을 상실하게 되고 지상의 삶에 한정된 생명만 누리게 됩니다. 힘을 잃은 '영'이 '혼의 틀'을 통합하고 조정하지 못하게 되면 생각과 감정과 의지가 제멋대로 작용하고 아무 거리낌 없이 함부로 행동하는 무질서한 사회가 됩니다.

생각이 지나치게 이윤을 추구하고 인간미를 상실할 때 비정한 냉혈동물, 곧 경제동물만이 남게 됩니다. 남아시아의 지진 해일로 인한 참사 때문에 가슴 아파하고 있는 이주노동자를 생각할 때 악덕 기업주들이 생각을 바로 잡고 착해져야 선교할 수 있다고 생각합니다. 사람이 욕심(ego)에 사로잡히면 자기(self)에게 주어진 일을 올바르게 판단하는 능력을 상실하기 때문입니다.

사람은 하나님과 수직적인 관계이고 이웃과는 대화와 협력관계이며 자연과는 동산지기, 곧 청지기로 일해야 합니다. 그러나 현실은 사람을 가축의 일종인 인축(人畜)처럼 취급하는 현상이 생겼고 자연도 심각한 환경공해 속에서 찌들고 있습니다. '인격'(person)은 '말씀의 통로'(sounding through)라는 뜻의 페르소나레(per(through)-sonare(sounding))라는 라틴어에서 유래되었습니다. 따라서 인간은 '사랑의 통로'이어야 합니다.

사람들이 깊게 생각하고 정서를 가다듬기 전에 우선 흔들고 기성을 발하게 되면 무서운 광란의 세계가 전개되고 극도로 무질서한 사회가 됩니다. 특히 각계의 지도자들이 의사결정을 할 때 심사숙고한 후 정책을 세우고 의견을 개진해야 합니다.

온갖 악에 빠져 있으면서 여전히 하나님의 자녀이기를 바라는 자는 크게 회개해야 합니다. 성령이 임하시면 우리의 영혼은 맑아지고 능력을 갖게 되어 여러 생각 중에서 올바른 정서에 맞는 선택을 하고 하나님의 뜻에 부응할 수 있기 때문입니다.

다른 복음을 전파하는 것

너희는 성령을 따라 행하라(갈 5:16)

'복음' 또는 '좋은 소식'을 뜻하는 '유앙겔리온'($\epsilon\dot{\upsilon}\alpha\gamma\gamma\acute{\epsilon}\lambda\iota o\nu$)이란 말은 신약성서에서 그리스도교 메시지의 전체를 요약하는 용어입니다. 곧 신약성서에서 '유앙겔리온'이 모두 77회 등장하는데 그 중에서 60회가 바울서신에 언급되었다는 것은 기독교 전도자 중에서 가장 위대한 이에게 그리스도교는 가장 '좋은 소식'이었음을 시사하고 있습니다. '좋은 소식'은 하나님께서 세상을 사랑하사 독생자를 보내셨다는 것입니다(요 3:16, 요일 3:16).

사도 바울은 '내 복음'(롬 2:16), '나의 복음'(롬 16:25), 또는 '우리 복음'(고후 4:3, 살전 1:5, 살후 2:14)으로 사용하고 있습니다. 물론 복음은 하나님께로부터 오고 하나님께 속한 것이지만 받은 사람이 마음 속에서 깊이 묵상하고 받아들여 온전히 그 뜻을 전할 수 있어야 합니다. 예를 들면 "하나님이 세상을 이처럼 사랑하사 독생자를 주셨으니 이는 그를 믿는 자마다 멸망하지 않고 영생을 얻게 하려 하심이라"(요 3:16)는 말씀이 온전히 살아 움직이면 "그가 우리를 위하여 목숨을 버리셨으니 우리가 이로써 사랑을 알고 우리도 형제들을 위하여 목숨을 버리셨으니 … 형제들을 위하여 목숨을 버리는 것이 마땅하니라"(요일 3:16)는 말씀이 이루어질 것이기 때문입니다. 바울은 주님

의 부르심에 전인격적으로 응한다는 뜻에서 복음을 자신 또는 동역자들의
것으로 표현한 것으로 해석되고 있습니다.

여기서 '내 복음'을 '믿음으로 의롭다 함을 얻음(以信得義)의 교리'로 축소
시켜 이해하는 사람들도 있으나 이것은 사도 바울이 전파한 모든 '좋은 소
식'을 가리킵니다. "나의 복음과 예수 그리스도를 전파함은 영세 전부터 감
추어졌다가"(롬 16:25)에서 먼저 '나의 복음'에 해당되는 헬라어 '카타 토 유
앙겔리온 무' (κατά τό εὐαγγέλιόν μου) 중 '유앙겔리온'은 복음서가 아니
라 바울이 믿고 전파하는 메시지를 가리킵니다(롬 2:16, 딤후 2:8). 또 '나의 복
음'이라고 해서 자기중심적이거나 배타적인 것이 아니라 다만 직접적으로
계시된 것을 암시하고 있습니다(롬 1:1, 갈 1:12).

그리고 '예수 그리스도를 전파함' (롬 16:25)에 해당되는 헬라어 '토 케뤼그
마 예수 크리스투' (τό κήρυγμα Ἰησοῦ Χριστου)는 '예수 그리스도에 관하
여 선포된 말씀'이라 번역될 수 있습니다. 여기에서 '선포된 말씀' (케뤼그마,
κήρυγμα)은 '나의 복음'과 같은 뜻을 포함하고 있으며 베일에 가려진 상태
에서 여러 모양과 형식을 통해 점진적으로 계시되어 오다가 드디어 그리스
도께서 오심으로 비로소 온전하게 계시된 것입니다(롬 1:2, 엡 3:3-5). 헬라어
에서 진리(알레에데이아, ἀλήθεια)는 실재를 가리고 있는 휘장을 벗겨내는 것
을 뜻하며 주를 통하여 드러난 것을 의미합니다.

사람들이 복음을 믿거나 선포할 때에 하나님의 계시에 따르지 않고 자기
생각대로 행한다면 '다른 복음'을 전파하는 것이 될 수밖에 없습니다. 율법
선생이라는 유대주의자들은 바울을 뒤쫓아 다니면서 행위로써 구원을 얻
는다는 거짓말로 그리스도인도 할례를 받고 율법을 지켜야 한다고 주장했
습니다. 바울은 이들과 같이 가르치지 않았습니다. 바울은 이러한 '왜곡된
복음'을 '다른 복음'이라고 저주했습니다(고후 11:4, 갈 1:6-7).

성격이 나약하고 새로운 변화를 좋아했던 갈라디아 사람들은 이들 거짓 선생들의 사상을 거의 받아들이고 있었습니다. 이를 안타깝게 여긴 바울은 갈라디아서를 썼습니다(갈 6:11). 갈라디아서는 신약의 다른 어떤 책보다도 주 예수 그리스도의 순수한 복음에 위협이 된 유대교 및 카톨릭 교회와 같은 의식주의를 배격하고 그리스도인을 자유케 한 독립선언이며 '그리스도인 자유의 대헌장'(Magna Carta of Christian Liberty)이라 일컬어져 왔습니다.

법에서 해방된 자유는 진정한 자유가 아니라 오히려 방종(indulgence)인 것입니다. 자유는 법 안에서 누려질 때 참 자유가 됩니다. "주의 영이 계신 곳에는 자유가 있느니라"(고후 3:17)고 하였듯이 사도 바울은 또 '그리스도 안에서' 자유를 말하고 있습니다(갈 2:4). 믿음과 행위를 대립시켜 생각하는 것은 편협한 해석입니다. 믿음이 전 생애, 전 인격을 지배하는 것은 행동, 삶을 통하여 눈에 보이는 것으로 변화되기 때문입니다.

성경이 유일한 권위임을 강조해야 합니다. 인간들이 연구하고 사색한, 곧 철학적 방법으로 진리에 이르렀다는 개념을 배격해야 합니다. 복음주의자들은 성경에 명제적(propositional) 진리들, 곧 하나님과 그 분의 살아계심과 그 분의 인격과 계시 등의 여러 주제들에 대해 명제적 형식으로 진술한 진리가 포함되고 있다고 강조합니다. 이를 배격하거나 반대하는 유사 복음주의자를 경계해야 합니다.

하나님께 붙잡힌 바 된 양심

믿음과 착한 양심을 가지라(딤전 1:19)

함석헌 선생님은 양심을 사회적인 개념으로 이해하셨습니다. 곧 세상이 이러한 것이라는 공통된 그림을 갖게 될 때 이것을 인생관 또는 세계관이라는 한 개의 렌즈라 한다면 양심의 명령은 그 렌즈의 초점이라 하셨습니다. 또 사람들은 모든 사물을 그 렌즈의 초점으로 비추어 판단한다고 하셨습니다. 물론 양심(conscience)의 어원은 라틴어 'conscientia' 에서 찾을 수 있고 '함께(con) 안다(scientia)' 라는 뜻을 갖습니다. '누구와 함께 인가' 라고 묻는다면 자기중심적인 사람은 '나 자신과 함께' 또는 '같은 패거리와 함께' 라 하겠지만 그리스도인은 '하나님과 함께' 라고 말해야 하기 때문에 양심은 우리 안에 임재하시는 하나님의 음성으로 이해되고 있습니다.

한경직 목사님은 양심을 인간의 마음 속에 '지성소, 곧 가장 거룩한 곳' 이라 하셨습니다. 또 양심은 선박의 바른 방향을 가리켜 주는 나침반의 역할과 옳게 하면 칭찬해 주고 그릇된 길로 가면 책망하여 채찍질하는 스승의 역할을 한다고 하셨습니다. 마르틴 루터가 말한 '붙잡힌 바 되었다' 는 표현은 사람의 내부로부터 양심의 강제력이 인간에게 큰 영향을 미칠 수 있다는 것을 보여주고 있습니다. 우리는 거대한 도덕적 압박에 직면하여 고통으로 몸을 떨고 있었던 보름스 회의에서의 루터를 기억할 수 있습니다. 루터의 신조를 철회하도록 요구 받았을 때, 그는 답변하면서 "나의 양심은 하나님의 말씀에 붙잡힌 바 되었습니다. 양심을 거역하여 행동하는 것은 옳지 않을 뿐더러 위험합니다."라고 말을 했습니다. 인간이 일단 양심의 소리에 붙잡힌 바 되면 그는 힘을 절제하고 용기 있게 행동할 수 있게 됩니다. 하나님의 말씀에 붙잡힌 양심은 고상하고 강력하기 때문입니다.

고든 맥도날드(Gordon MacDonald)는 "나의 내면세계가 질서정연한 상태라고 할 수 있다면 그것은 내가 그리스도의 눈을 통하여 사건과 사람을 바라보는 훈련에 임하기 시작했고, 그로 인해 나의 기도는 그 분의 계획과 약속의 말씀에 맞추어지길 원하는 나의 갈망을 반영하고 있기 때문일 것이다"라고 하였습니다. 하나님의 명령에 순종하려면 우리는 먼저 하나님의 말씀을 우리 속에 내면화시켜야 합니다. 우리는 이러한 내면화 작업을 담당하는 기관을 전통적으로 '양심' 이라 부릅니다. 양심은 하나님과 만나는 접촉점이며 인간의 내부 중에서도 신비로운 부분입니다. 이 부분을 인간의 영(spirit)이라 부르는 사람도 있고 혼(soul) 또는 마음(mind)이라 말하기도 합니다. 그 곳은 성령 하나님과 가장 친밀하게 교통하는 성령님이 거하시는 곳입니다.

구약성경에는 양심을 나타내는 단어가 없으나 신약성경에는 양심에 관해 30회 언급하고 있는데 양심은 화인 맞을 수도(딤전 4:2), 연약해질 수도 있으며, 반복되는 죄악으로 변화되고 무감각해질 수도 있음을 말씀하고 있습니다. 선지자들은 이스라엘, 유다의 배교를 창녀에 비유하였습니다(렘 3:6, 8, 겔 16:15,17, 30-52, 호 4:15). 반복되는 죄악 중에서도 이스라엘은 마치 창녀처럼 부끄러워하는 능력을 상실해 버렸기 때문입니다. 그러나 주께서는 외식하는 자들을 꾸짖으시는 의미에서 제사장과 장로들보다 먼저 창녀들이 천국에 들어가리라 하셨습니다(마 21:31). 목이 곧고 마음이 둔해진 사람들의 양심은 단단하게 굳어져 하나님의 말씀을 자기중심적으로 해석할 수 있기 때문입니다. 마치 뱀과 같이 한 장의 혀로 상황에 따라 양심의 가책도 없이 서로 다른 두 가지 말을 하는 사람이 있다면 그는 매우 불쌍한 사람입니다. 그러나 주께서는 간음하다가 잡힌 여인(요 8:1-11)과 회개한 창녀(눅 7:37-50)를 동정하셨습니다. 의인은 없나니 하나도 없으며(롬 3:10), 만일 우리가 죄 없다 하면 스스로 속이고 또 진리가 우리 속에 있지 않기 때문입니다(요일 1:8).

기독교 공동체 안에서 교묘하게 양심을 속이는 것은 치명적인 일이 될 수 있습니다. 율법주의자들은 교활하게 죄의식을 피하는 요령꾼인데 반하여 도덕률 폐지론자들은 양심 자체를 부인하는 대가들입니다. 사도 바울의 "믿음과 착한 양심을 가지라 어떤 이들이 이 양심을 버렸고 그 믿음에 관하여는 파선하였느니라"(딤전 1:19)는 말씀에는 양심이 그리스도 안에서 온전해진다는 뜻이 있습니다. 자연인과 육신을 좇는 자(롬 8:5)의 양심은 성령님에 의하여 거듭나고 성화될 때 비로소 하나님의 뜻을 올바르게 이해할 수 있게 됩니다(히 9:14).

의인의 길과 악인의 길

의인들의 길은 여호와께서 인정하시나
악인들의 길은 망하리로다(시 1:6)

예로부터 순수하고 완전한 시편 안에서 우리는 하나님을 찬미하는 신선한 생수를 마시고 있습니다. 우리가 시편을 낭송(朗誦)할 때 시편 작가들이 이스라엘의 하나님께 진지하게 찬미를 드리던 그 흠모하는 마음으로 되돌아가게 됩니다. 시편은 본시 하나님이 어떤 분이신가를 아는 사람들의 노래이기 때문입니다.

시편 1편은 시편의 서론이며 시편 전체의 요약이라고 주석되고 있습니다. 존 스토트(John R. W. Stott)는 그의 『시편 강해』에서 제롬(Jerome, 340~420)이 시편 1편을 '성령의 영감을 받은 서론' 이라 주석했다고 소개하고 있습니다. 제롬의 가장 큰 업적 중의 하나는 성경을 라틴어로 번역한 벌게잇(Vulgate) 성경으로 알려지고 있습니다.

시편 기자는 의인의 길이 축복 받은 길인데 반하여 악인의 길이 멸망의 길이라고 경고하고 있습니다. 곧 시편 1편 6절은 의인의 길은 여호와께서 인정하고 계시지만 악인의 길은 망할 것이라는 것이 이 시 전체의 결론입니다.

의인 곧 복 있는 사람은 악인의 꾀를 좇지 아니하고, 죄인의 길에 서지 아니하며 오만한 자의 자리에 앉지 아니한다고 노래했습니다. 시인은 마치 주님의 산상수훈처럼 축복으로 시작하고 삼중적인 평행법(triple parallelism)으로 표현하고 있습니다. 그것은 서정시에 맞는 형식을 담고 있으나 논리적인 것보다 정서적인 연관성을 취하고 있습니다.

성령 충만한 자는 하나님의 율법을 즐거워하지만 저주와 정죄의 '율법 아래' 있는 것이 아니라 '율법 안'에서 율법을 삶의 기준으로 기뻐하기 때문입니다. 의인은 물가에 심기어진 나무와 같이 언제나 뿌리로 물과 영양을 공급 받아, 때를 따라 열매를 맺고 잎사귀로 햇빛을 받아 시들지 않는다고 찬미하고 있습니다.

사도 바울 이후 가장 위대한 기독교 신자인 어거스틴(Aurelius Augustin, 354-430)은 "하나님은 시편에서 당신 자신을 찬미하는 법을 우리에게 가르쳐 주고 계신다."고 하였습니다. 또 "찬미는 지적(知的)이고 영적이어야 하고 감정에 치우쳐서도 안 된다. 또한 하나님께 기도하면서 인격적인 면은 전혀 없고 객관적인 면에만 치우쳐서도 안 된다."고 하였습니다.

그리고 "우리가 좌우로 치우치지 않고 가장 올바른 길로 들어가기 위한 최상의 길은 성서 안에서 찬미의 길을 찾는 것"이라 했습니다. 시편의 언어로 하나님을 찬미할 때 우리는 하나님과 친밀한 인격적 만남을 통해 하나님을 더욱 사랑하게 됩니다. 또 하나님을 더욱 사랑하게 되면 우리는 주 안에서 참 기쁨을 찾게 됩니다. 시인 괴테는 "악은 밖에 나타나서 얕고, 선은 속에 숨어서 깊다"고 했습니다.

신약성서에서 길(ὁδός, 호도스)은 어근 '에드' 곧 '가다'(to go)에서 유래되었고 102회 등장하고 있습니다. 또 이 단어는 도(道), 노(路), 여행 등으로 사용되고 있습니다. 그 중에서 참 제자의 성격과 품행에 관한 교훈인 산상수훈(마 5:3-7:27)에서 넓은 길(마 7:13)과 좁은 길(마 7:14)은 악인의 길과 의인의 길을 의미합니다.

인간이 육체(인간 죄성)의 소욕대로 아무 거리낌 없이 함부로 사는 '넓은 길'과 주님의 복음 진리대로 규모 있게 사는 '좁은 길'은 대조됩니다. '좁은 길'에는 낙이 없고 고통만 있는 것이 아니라, 오히려 감추인 만나를 받아 먹는 참된 기쁨과 즐거움이 있는 것입니다.

번연(John Bunyan, 1628-1688)의 『천로역정』(天路歷程, The Philgrim's Progress, 1678)에서 크리스천에게 '좁은 문'으로 들어가라고 권면한 것은 많은 사람들이 '넓은 문'으로 들어가기 때문입니다.

지드(Andr Gide, 1869-1951)의 『좁은 문』(La Porte Etroit, 1909)에서 마태복음 7장 13절과 14절에 관한 설교를 듣고 평생 잊지 못하여 영혼의 완성을 위해 투쟁하고 있는 여주인공 알리사의 청순한 심리과정을 따뜻한 애정으로 묘사하고 있습니다.

정치로 정치를 개혁하려는 것은 독으로 독을 없애려는 것과 같습니다. 모든 것은 없어지지만 과거의 흔적은 불을 끈 자국과 같은 것입니다. 건전한 사회를 바란다면 정치를 개혁하는 데 정치 이외의 세력이 수행해야 한다고 믿습니다. 그러한 의미에서 '기독교 사회책임'이 '의인의 길'에 서기를 기대합니다.

거룩한 산 제물로 드리라

하나님의 선하시고 기뻐하시고 온전하신 뜻이
무엇인지 분별하도록 하라(롬 12:2)

우리는 모든 것이 변화되고, 지켜오던 규율과 규제조차 벗어나도록 부추기는 여건 속에서 살고 있습니다. 로마서 12장은 이러한 세상의 틀을 깨뜨리기 위한 방향을 제시하고 있습니다. 물론 이러한 방향을 좇는 것은 사회의 세속적인 흐름을 거스르는 것을 뜻합니다. 곧 그리스도인의 생활은 세속적인 삶이 아니라 하나님의 방식을 선택하는 거룩한 삶이기 때문입니다. 로마서의 처음 열한 장이 주로 교리에 대한 말씀이라면 남은 12-16장은 주로 실천적인 문제를 취급하고 있습니다.

로마서는 모두 열여섯 장으로 되어 있는데 1장 1-7절이 서론이라면 15장 14절부터 16절, 27절이 결론이고 1장 16-17절은 성경 전체의 진리를 요약하는 핵심단어들을 포함하고 있기 때문에 로마서의 요절로 생각되고 있습니다. 교리편 중 로마서 1장 18절에서 5장 21절이 죄인들을 '구원'하여 의롭게 하시는 하나님의 능력을, 6장 1절에서 8장 39절이 순종하는 그리스도인을 '성화' 시키시는 하나님의 능력을 다루는 부분이라면 9장 1절에서 11장 36절까지는 선택된 사람들을 구원하시는 하나님의 '주권'을 설명하고 있습니다.

또 실천편인 로마서 12장 1, 2절이 그리스도인의 헌신을, 12장 3절에서 21절이 종으로서 그리스도인의 은사와 의무를, 13장이 사회인으로서 그리스도인의 자세를 다루고 있으며 14장 1절부터 15장 7절이 자유(관용), 사랑(돌봄)과 순종에 대한 그리스도인의 입장을, 15장 8절에서 13절이 그리스도인들의 모델로서 주 예수를 강조한 후에 이방인 신자가 하나님께 영광을 돌려야 할 근거를 제시하고 축복 기도로 끝을 맺고 있습니다. 그리고 로마서 12장에 기록된 사도 바울의 권면과 교훈은 우리들의 몸을 하나님이 기뻐하시는 거룩한 산 제물로 '드리고' (1절), 이 세대를 본받지 않기 위해 하나님의 뜻을 분별하는 자가 '되어' (2절), 명령과 권고를 '행하라' (3-21절)는 세 마디로 요약될 수 있습니다.

12장 1절에서 '너희 몸'(σώματα ὑμῶν, 소마타 휘몬)은 인격, 곧 헌신하는 자의 의지뿐만 아니라, 하나님이 쓰시기 위해 성별(聖別)하신 육체적인 힘을 뜻합니다. 그러므로 하나님이 기뻐하시는 산 제물은 구원 받은 영혼의 갈망과 선택을 충족시키는 몸이어야 하며 그리스도인이 거듭날 때 하나님으로부터 받는 영적인 생명을 지니고 있어야 합니다. '영적 예배'란 말은 '산 제사'란 말과 동일시됩니다. 그러므로 영적 예배(spiritual act of worship, NIV)라는 말이 합리적 예배(reasonable service, KJV)라는 번역보다 더 나아 보입니다.

12장 2절의 전반부에서 "너희는 이 세대를 본받지 말고"는 세상에서 끊임없이 변하는 유행(流行)이나 풍조(風潮)를 따르지 말라는 뜻입니다(갈 1:4). 또 2절 후반부에서 "오직 마음을 새롭게 함으로 변화를 받아 하나님의 선하시고 기뻐하시고 온전하신 뜻이 무엇인지 분별하도록 하라"에서 '마음'은 인간의 지정의(知情意)를 작동하는 부분, 특히 지적인 판단력(understanding)을 의미하는 누-스(νοῦς, mind)입니다. 그러므로 마음을 바꾸어 새롭게 되라는 것은 인생관을 새롭게 하여 사물(事物)을 보는 태도를 온전히 고치라는 뜻입니다.

원어에서 '본받지 말고'(μὴ συσχηματίζεσθε, 메 쉬스케마티제스데)와 '변화를 받아'(μεταμορφοῦσθε, 메타모르푸스데)는 모두 자력(능동태, active voice)과 타력(수동태, passive voice)을 결합한 중간태(middle voice)로 표현되어 있으므로 세상을 본받지 않으려는 의지를 가지고 하나님의 크신 능력에 자기를 맡기며, 또 하나님의 능력을 힘입어 나의 변화를 실현하는 것을 의미합니다. 그리스도인은 죄 많은 세속 문화를 거부하고 구원 받은 자에게 적합한 영적 규범을 신중하게 분별해야 합니다. 영어에서 '분별한다'(discriminate)에는 이것과 저것의 차이를 식별하는 긍정적 의미 외에 '차별한다'는 부정적 의미도 있음을 유의해야 합니다.

마음을 새롭게 하는 것은 그리스도인이 최초의 소명을 돌이켜 생각하고 자기에게 미친 하나님의 은혜에 비추어 그 소명의 필요성을 재확인해야 하는 것을 의미합니다. 또 성령께서 이러한 일에 역사하신다는 것을 알아차려야 합니다(엡 5:8-10). 스스로 산 제물이 되는 일과 하나님의 뜻을 분별하는 일 사이에 밀접한 관계는 두 경우 모두 '기뻐하시는'이란 말을 사용한 점에서 이해됩니다(빌 4:18, 히 13:16). 그리고 세상과 싸우는 교회(church-militant)가 세상 풍조에 밀려 세상과의 싸움을 멈추면 바로 그 교회는 생명력을 잃고 무기력해져서 세속화되고 타락하게 되는 것도 유념해야 합니다.

하나님의 빛을 보는 눈

눈은 몸의 등불이니 그러므로 네 눈이 성하면
온 몸이 밝을 것이요(마 6:22)

사람이 눈을 감으면 어둠 속에 있기 때문에 태양이 떠오르는 것을 알지 못합니다. 주께서 '눈은 몸의 등불'이라 하신 것은 사람들이 눈을 통해 빛을 받아들일 때 몸을 올바른 방향으로 움직일 수 있게 한다는 뜻이 있습니다. 사도 요한의 "그 안에 생명이 있었으니 이 생명은 사람들의 빛이라 빛이 어둠에 비치되 어둠이 깨닫지 못하더라"(요 1:4-5)는 말씀에서 빛은 바로 그리스도를 가리키고 있습니다. 빛의 자녀된 그리스도인들은 항상 하나님의 임재를 민감하게 의식하고 빛 속에서 깨어 있으라는 영적인 권면입니다.

구약에서 '눈'은 정신적이며 영적인 능력과 행동에 대한 비유적인 표현으로 사용되고 있습니다. 곧 사탄은 선악과를 먹는 날에는 사람의 눈이 밝아져 스스로 선악의 기준을 세우고 자율적이 된다고 유혹하고 있습니다(창 3:5). '좋은 눈'은 하나님께 초점을 맞추고 있기 때문에 하나님의 빛을 충만하게 받아들여 하나님을 섬기며 이웃에게 관대하게 됩니다. '나쁜 눈'은 물질주의와 이기적인 욕망에 가리워져서 영적인 어두움 속에 있게 합니다(잠 23:6). 곧 욕심으로 어두워진 마음을 하나님이 주신 영적인 빛으로 비추어서 올바르게 하지 않으면 치명적이며 진리를 분간하지 못하여 죄악에 빠질 수

밖에 없습니다.

'눈'은 개인의 삶에 있어서 바른 방향을 나타내고 있습니다(잠 4:25-26). 곧 영혼의 눈은 하나님만 바라보고 흔들림 없이 전진해야 하고 발로 땅을 밟듯이 세상을 이기고 하나님만 두려워하라고 권면하고 있습니다. 잠언 17장 24절은 하나님만 바라보지 않는 사람을 가리켜 "미련한 자는 눈을 땅 끝에 두느니라"고 했습니다. 이러한 사람은 심령이 어두워져서 땅 위의 모든 것을 탐내며 두리번거리게 됩니다. 악행이 습관화된 자는 몸의 각 지체를 부정과 불법의 도구로 사용하고 떳떳하지 못하게 눈짓을 한다고 했습니다(잠 6:13, 10:10).

다윗은 시편 18편 27-28절에서 "주께서 곤고한 백성을 구원하시고 교만한 눈은 낮추시리이다 주께서 나의 등불을 켜심이여 여호와 내 하나님이 내 흑암을 밝히시리이다"라고 읊조리고 있습니다. 곤고한 백성을 교만한 자와 대조시키고 있는데 '곤고한 백성'은 '심령이 가난한 자'를 가리킨다면 '교만한 눈'은 높이 치켜 뜬 눈을 말합니다. 주께서 "심령이 가난한 자는 복이 있나니 천국이 그들의 것"이라 하셨습니다(마 5:3). 한편 "눈이 높고 마음이 교만한 자를 내가 용납하지 아니하리로다"라고 했습니다(시 101:5, 참조 잠 6:17).

누가복음 11장 33-36절에서도 몸의 등불은 눈이라 했는데 사람은 하나님으로부터 오는 빛에 민감해야 합니다. 그러기 위해서는 건전한 눈을 가져야 합니다. 곧 하나님의 빛을 받아들여 내뿜을 수 있는 통로가 되기에 충분한 믿음과 사랑이 있어야 합니다. 심령이 가난한 자의 마음은 청결하고 올곧습니다. 주께서 마음이 청결한 사람이 하나님을 보게 된다고 하신 산상설교의 말씀도 여기에 적용할 수 있습니다(마 5:8). 주님의 가르침을 잘 받아들이면 눈이 빛으로 가득 찰 것이요 많은 힘을 얻게 될 것입니다.

주께서 말씀하신 우리 눈에 들어 있는 들보와 남의 눈에 있는 티의 비유는 우리 자신을 보다 깊이 돌이켜 보도록 하는 해학적인 가르침입니다(마 7:3-5, 눅 6:39-40). 곧 주께서는 눈에 들보를 가지고 다니면서 눈에 티가 있는 형제를 돕겠다는 사람이 외식하는 자인 것을 가르쳤습니다. 티 검사(in-spec(k)-tion)를 하려면 먼저 자기 눈의 들보를 빼내야 합니다. 영적으로 크나큰 허물이나 잘못을 상징하는 들보를 제거하지 않으면 하나님의 신령한 빛이 뚫고 들어오지 못하는데, 그것은 타인의 조그마한 잘못을 상징하는 티를 빼내지 못하는 것과 같습니다(약 5:19-20, 갈 6:1).

'눈'을 의미하는 히브리어 '아인'은 '샘물'을 나타내기도 합니다. '샘물'의 문자적인 뜻이 '물의 눈'이기 때문입니다. 그리고 생명수 생물이 땅속에서 생수의 강과 연결될 때 맑은 물을 솟아오르게 하듯이 우리는 울어야 더욱 더 겸손하게 되고 빛을 받을 때 해맑은 눈을 가지게 됩니다(요 7:38, 계 21:6). 비가 와야 무지개가 생겨나듯이 눈물을 흘려야 그 영혼에도 아름다운 무지개가 돋는다는 말이 있습니다. 우리는 흐르는 눈물을 통해, 예루살렘을 위해 우셨고 이 세상을 위해 우셨던 예수 그리스도의 마음에 이를 수 있습니다.

할례를 받고 새사람이 되었는가

할례는 마음에 할지 너(롬 2:29)

유월절의 식사에 참여는 오로지 할례를 받은 자들에게만 가능했습니다(출 12:43-48). 또 이방인 중에 마음과 몸에 할례를 받지 아니한 자는 하나님의 성소에 들어갈 수 없었습니다(겔 44:9). 구약성서는 남자의 포피(包皮)를 잘라 버리는 할례에 관한 문자 그대로의 육적인 의미 외에도 할례의 영적인 의미도 언급하고 있는데 그것은 육체에 할례를 받는 것만으로 부족했기 때문입니다. 곧 하나님 앞에서 자신의 죄악을 겸손하게 바로잡고(레 26:41), 마음에도 할례(마음 가죽을 베고, 렘 4:4)를 행할 필요가 있었습니다(신 10:16).

옛적에는 애굽, 가나안, 말라이시아(Malaysian), 폴리네시아(Polynesian)와 아메리카, 아프리카, 오스트랄리아 토인(土人)들도 할례를 헝하는 관습이 있었으나 이스라엘 민족에게 특별히 중요했던 것은 할례가 아브라함과 맺은 하나님의 언약을 상징하였기 때문입니다(창 17:10-14). 그리고 유대교도들과 이슬람교도들을 비롯한 여러 민족들은 여전히 할례를 행하고 있습니다. 출애굽기 4장 24절 이하와 민수기 5장 2-7절에 보면 할례는 일종의 속량 의식(a ransom ceremony)이었으며 돌칼로 시행되었습니다. 또 할례는 유대인 부모에게서 난 아이들뿐만 아니라 노예들까지도 난 지 8일간에 의무적으로 시행해야 했습니다(창 17:12, 레 12:3).

학자들은 할례가 바벨론 포로시기에 유대주의의 표지였다고 믿고 있는데 폰 라드(Gerhard von Rad)는 이러한 관점에서 다음과 같이 요약하고 있습니다. "이스라엘인들은 절기나 희생제사의 규례 철폐로 민족 공동체를 결속시킬 수 있는 의식이 시급하게 결정되어야 하였다. 바벨론이 할례를 행하고 있지 않았기 때문에 여호와께 속했던 이스라엘인들은 할례 관습을 준수하는 것이 포로기간의 '신앙고백 양식'(status confessions)이라 믿었다."

헬라와 로마에 의한 고난시기에도 할례는 하나의 신앙고백적 징표였습니다. 시리아의 안티오쿠스 4세(Antioch Ⅳ Epiphanes, BC 175-164)는 유대교를 공격하면서 할례와 거세를 살인과 동일한 형벌로 다스리겠다고 위협했습니다(마카베오기 상권 1:48). 또 그 후 로마황제 하드리안(Hadrian, AD 117-138)도 역시 그렇게 했습니다. 제 아이들에게 할례를 베푼 부인들은 사형에 처하고 그 젖먹이들은 목매달았으나(마카베오기 상권 1:60-61), 할례는 계속되었습니다. 할례에 관한 영적인 해석은 쿰란의 에세네파에서도 발견되고 있으나 그리스도 이후 시대의 바리새적 해석은 할례의 신체적 측면만 강조되었습니다.

신약의 복음서들은 특별한 신학적 강조 없이 물리적인 의미에서 할례를 언급하고 있습니다(눅 1:59, 2:21, 요 7:22). 그러나 바울서신과 사도행전에서도 할례 받은 자들 사이에서 태어난 유대 기독교인들(행 10:45, 갈 2:12)과 할례 받지 않은 이방 기독교인들(엡 2:11, 고전 7:18) 사이에 긴장이 있었습니다(행 15:1-5). 기독교에서는 예루살렘 회의가 이방인들에게 할례를 강요하지 않는다고 결정하였습니다(행 15:6-35). 바울은 그리스도께서 유대인이든지 이방인이든지 모든 믿는 자에게 구원이 되심으로써 율법의 마침이 되셨다고 했습니다(롬 10:4).

바울은 유대 기독교인의 신앙과 이방 기독교인의 신앙이 동등한 가치를 지니고 있다는 자신의 견해를 입증하기 위해 증거로 아브라함의 경우를 들고 있습니다. 아브라함은 두 집단에 대해 동등하게 신앙의 조상이 되었기 때문입니다. 곧 "그가 할례의 표를 받은 것은 무할례시에 믿음으로 된 의를 인친 것이니 이는 무할례자로서 믿는 모든 자의 조상이 되어 그들도 의로 여기심을 얻게 하려 하심이라"(롬 4:11)고 했습니다. 세례도 이미 소유하고 있었던 믿음을 인침으로써 세례 받은 것을 주장할 수 있어야 합니다.

할례의 문제는 신학적으로 그 사람이 성령을 통해 마음의 할례를 받았는가에 달려 있습니다(롬 2:29, 행 7:51). 또 그것은 복음을 통해 거듭난 새 사람이 되었는가에 달려 있습니다(고후 5:17, 딛 3:5). 그리고 골로새서 2장 11절 이하에서 영적인 할례로 묘사된 세례를 받아야 합니다. 칼빈(Jean Calvin, 1509-1564)은 세례를 가리켜 '하나님에 의해 그의 자녀로 삼으시는 거룩한 인침이며 그리스도와의 접붙임(engrafted in Christ)으로서 새 출발'이라 했고 폴 틸리히(Paul Tillich, 1886-1965)는 세례를 '영적인 공동체에 참여하는 한 인간의 결단'이라 하면서 이러한 인간을 새로운 존재(new being)라 했습니다.

영적 전쟁을 위한 준비

믿음의 선한 싸움을 싸우라(딤전 6:12)

사도 바울이 영적 싸움에서 승리하라고 디모데에게 권면한 것은 오늘날 우리에게도 유효합니다. 맥스 루카도는 "갈등은 불가피한 것이지만 싸움은 선택"이라고 하였습니다. 물론 세속적인 사람에게는 싸움이 선택적인 것이 될 수 있습니다. 그러나 성도에게 영적 싸움은 필수 불가결한 것입니다. 왜냐하면 세상이 성도에게 주어진 선물이지만 주님 대신 자기를 경배하도록 유혹하고 있는 사단의 활동무대도 되기 때문입니다. 마귀는 성도의 육신과 환경과 어두운 과거를 통하여 성도의 마음을 어둡게 하여 죄를 범하도록 유혹하고 있으나 주께서는 각 사람에게 비취는 참 빛이십니다(요 1:9). 또 하나님은 "미리 아신 자기 백성을 버리지 아니하셨나니"(롬 11:2)라고 하십니다.

하나님의 백성이 승리하는 것은 하나님이 싸우기 때문입니다. 성경에서 전쟁은 하나님께 속한 것이므로 사람의 뜻대로 싸우면 패배하였고 하나님의 뜻대로 순종하면 언제나 승리하였습니다. 우리의 영적 전쟁도 하나님께서 이끌어 주시도록 기도해야 합니다.

무엇이든 보여 줄 수 있고 무엇이든 스스로 풀어 나갈 수 있다는 자기 지향적(me-centered)인 자아(ego or self)는 버려야 합니다. 그 대신 하나님을 사랑하고(God-centered) 형제를 사랑할 줄 아는 꾸밈 없는 자아를 회복합시다.

주께서는 돌들을 빵으로 바꾸라는 마귀의 현실 지향적인 요구를 말씀 선 포라는 자신의 소명으로 물리치셨습니다. 하나님의 백성은 더 많은 것을 소 유(to have)하는 것보다 성도답게 존재(to be)하는 데 삶의 의미와 목적을 두 어야 합니다. 오늘날 사회에는 칭찬이 별로 없고 비판만이 오가고 있는데 영적 지도자는 단순한 효율성과 통제력만을 고집해서는 안 됩니다. 몸 된 교회의 모든 지체는 머리 되시는 주님을 닮고 주께로 향하여 세상을 이끄는 리더(leader)가 되어야 합니다.

주께서는 성전 꼭대기에서 뛰어내려서 천사들이 돕는 것을 보여주라는 마귀의 자기 지향적이고 자기 과시적인 요구를 받았습니다. 그러나 주님은 스턴트맨이 되시기를 거부하고 "주 너의 하나님을 시험하지 말라"고 하셨 습니다. 세속사회에서 자행되는 스타의식과 개인적인 영웅주의는 선교문 화에 바람직하지 않습니다. 또 세속적인 지도력(leadership)은 통제 하에 있 는 사람들을 모두 자기에게 집중케 하고 그들의 사역을 자기의 영광을 위한 도구로 생각하는 우두머리 행세(headship)를 하는 경향이 있습니다. 그러나 목자는 주와 같이 양들의 고통을 수용하여 치유하는 상처 입은 치유자 (wounded healer)가 되어야 합니다.

세상의 파워게임을 본뜬 리더십이 아니라 만민을 구원하시기 위해 자기 를 주시기 위해 오셨던 섬기는 리더십(servant leadership)이 곧 예수 그리스 도의 리더십입니다. 이러한 리더십을 가진 지도자는 자신이 섬기는 양들이 자신을 필요로 하는 만큼 자기에게도 동역자가 필요하고, 그들이 귀하다는 것을 인식할 수 있는 연약한 종이 되어야 하겠습니다.

주께서는 사단에게 굴복하고 천하만국과 그 영광을 취하라는 사단의 간 교한 시험을 하나님께만 경배하고 하나님만을 섬기라는 말씀으로 물리쳤 습니다. 교회사에서 가장 고통스러웠던 역사는 사랑 대신 힘을, 십자가 대신 지배력을, 순종보다는 자기만 내세우려는 유혹에 사로잡혔던 사람들의 역사입니다. 십자군전쟁, 종교재판, 11세기의 교회 분열, 16세기 종교개혁의 동인이 되었던 교회의 부패 등은 모두 인간의 힘을 과시하려는 잘못에서 비롯된 것이었습니다. 오늘날 교계 분열과 교회의 세속화는 모두 하나님의 뜻이 아니고, 사람의 뜻대로 행하려는 인간의 죄성에서 비롯된 것입니다(갈 5:17).

　영적 싸움은 인간의 죄성, 곧 질투, 분노, 증오심, 이기적인 야심(갈 5:19-21)과 우리 안에 계시는 성령과의 전쟁입니다(갈 5:17). 사도 바울은 "너희는 성령을 좇아 행하라 그리하면 육체의 욕심을 이루지 아니하리라"고 했습니다. 성령께서 우리의 죄로 물든 육신의 정욕을 극복할 수 있는 힘을 주시고 영적 싸움을 승리로 이끌어 달라고 간구합시다. 새 생명은 짓밟혀 뭉개진 흙에 심겨진 씨를 통해서만 자라납니다(막 4:26-29).

믿음 안에서 의롭게 되었다

내가 그리스도와 함께 십자가에 못 박혔나니(갈 2:20)

사도 바울은 "내가 그리스도와 함께 십자가에 못 박혔나니, 그런즉 이제는 내가 사는 것이 아니요 오직 내 안에 그리스도께서 사시는 것이라"고 했습니다(갈 2:20). 이것은 사도 바울이 하나님을 향하여 살기 위해 율법에 대해 죽었고 하나님 아버지에 의해 주 예수 그리스도와 연합되었다는 것을 의미합니다. 우리들도 그리스도를 믿는 믿음 안에서 그리스도의 삶에 참여하는 자가 된 것입니다. 또 그리스도의 삶에 참여한다는 것은 그리스도의 모든 체험이 그리스도인의 체험이 될 때 그리스도와 하나가 된다는 것을 뜻합니다.

율법은 비록 사도 바울에게 온전히 수용되지 못했을지라도 그를 위해 공헌은 했습니다(롬 5:13). 곧 율법은 사도 바울로 하여금 죄를 느끼게 하여 그가 그리스도를 받아들이도록 했고 결국 율법 자체에 대해 죽게 하였습니다(갈 2:19). 모든 불의, 곧 옳지 못한 행실($\dot{a}\delta\iota\kappa\iota\alpha$, 아디키아)은 위법사항이어서 사망에 이르지 아니하는 죄일 수도 있지만(요일 5:17), 사람이 하나님을 배반한 죄($\dot{a}\mu\alpha\rho\tau\iota\alpha$, 하마르티아)는 반드시 죽게 됩니다(창 2:17, 요 8:24). 또 율법은 그 율법을 범한 자를 구원하기 위해 그리스도를 십자가에 못 박히게 했습니다(롬 3:25). 그리고 '사도 바울의 율법에 대한 죽음'을 주께서 대신하여 주셨습니다.

도둑질하는 일, 간음하는 일, 거짓 증거하는 일처럼 온갖 옳지 못한 행실(sins)은 죄의 근원인 '하나님을 배반한 죄 그 자체'(the sin)에 포함되어 있습니다. 구원은 다만 온갖 옳지 못한 행실을 삼갈 때 의인이 되는 것이 아니며 주께서 화목제물이 되심으로써 이루신 구속 사역을 통해 우리를 하나님 아버지의 아들로 받아들이신 것을 의미합니다(히 9:15). 사도 바울은 죄와 허물로 죽은 진노의 자녀였던 성도들이 긍휼에 풍성하신 하나님의 사랑으로 구원을 얻고 주 안에서 선한 일을 위해 지으신 자로 변화되었다고 했습니다(엡 2:1-10).

사도 바울은 그리스도의 몸 된 각 구성원들에게 그리스도의 은혜에 따라 은사가 주어지고 교회의 직분이 맡겨지는 것이 그리스도의 몸을 온전케 세우며 모두 그리스도의 장성한 분량에 이르도록 서로 돕고 영적 성장을 이루기 위함이라 했습니다(엡 4:7-16). 그리스도인들은 모든 면에서 사랑과 진리로 그리스도의 충만하심에 도달할 수 있도록 힘써야 합니다. 칼빈(John Calvin)은 "우리가 그리스도의 지체로 인정 받기 원한다면 모두 자기 자신만을 위해서가 아니라 서로의 이익이 되는 것을 추구해야 한다."고 했습니다.

사도 바울은 '그리스도와 함께' 죽었고(갈 5:24, 6:14, 롬 6:8, 골 2:12), 장사되었다는 사상(롬 6:4, 골 2:12)들을 종종 사용하고 있습니다. '그리스도와 함께'라는 말은 주님의 모든 체험이 그리스도인들의 체험이 된 것을 뜻합니다. 곧 주께서 죄를 위해 죽으시고 부활하시고 승천하신 것은 성도들이 함께 죽고 부활하고 승천한 것을 뜻합니다(엡 2:5-6). 이러한 사상을 완료형으로 표현하여 과거에 일어난 일이 현재까지 계속 영향을 미치는 것으로 나타낸 것은 의미를 깊게 했으며 '옛사람이 주와 함께 죽고 믿음 안에서 의롭게 되었다고 덧붙이고 있습니다'(롬 6:6-7).

'그리스도와 함께' 십자가에 못 박혔다는 것은 죄에서의 해방을 뜻할 뿐만 아니라 구원 받은 자로서 믿음으로 승리한 것도 의미합니다. 또 우리는 그리스도께서 구속하신 의미를 이해하면 이해할수록 더욱 더 구원의 능력을 체험하게 됩니다. 성령께서는 우리들 속에서 그리스도를 영화롭게 하시고 말할 수 없는 탄식으로 우리를 위해 친히 간구하면서 도우시며 우리들이 주님의 기업을 이을 자임을 알게 하십니다. 십자가의 영광은 그리스도께만 있는 것이 아니라 우리들의 것이기도 합니다. 생명으로 향하는 길은 죄와 사망을 부서뜨리고 영생하는 능력으로 우리를 지켜주기 때문입니다.

영적인 눈을 뜬 사람

네 믿음이 너를 구원하였느니라(막 10:52)

라틴어에서 4월을 뜻하는 'Aprilis'라는 말은 '열다, 개척하다, 파서 만들다'는 의미의 동사 'αρέγιο'에서 파생되었고 '땅을 여는 달'이란 뜻이 있다고 합니다. 4월에는 땅이 열리어 풀이 싹트며 농부들이 밭을 갈기 때문입니다. 그리스도인들도 이 절기에 갈아엎고 잘 다듬어진 마음 밭에 하나님의 씨앗(요일 3:9)을 받아 풍성한 수확을 거두어야 합니다.

구약에서 여호수아가 이스라엘을 대적들로부터 구원할 때 하나님의 대행자였다면 주 예수께서는 하늘시민들을 죄에서 구원하시는 하나님의 구원자이십니다. 곧 구약성서에서 대적으로부터 육체적 구원을 조건으로 하였다면 신약성서에서 영적 구원은 주 안에서 빛과 평강을 받아 누리는 것입니다(눅 1:78-79, 사 9:2). 예수님의 이름은 '그가 자기 백성을 저희 죄에서 구원할 자이심'을 분명하게 드러내고 있습니다(마 1:21). 예수('Ιησοῦς, 예에수스)는 '여호와는 구원이시라'는 의미를 지닌 히브리어 '여호수아' 또는 그 짧은 형태인 '예수아'(느 7:7)를 헬라어로 표기한 것이기도 합니다.

'여리고'는 예루살렘에서 동쪽으로 35km 지점이고, 사해 북쪽 끝에서 9km 되는 곳이며 요단강 서쪽 유대 산악지대에 오르는 8km 지점인 길목에 있습니다. 여리고는 '달의 성읍' 또는 '종려나무의 성읍'이라 했고(신 34:3, 삿 3:13), 현재는 '엘 리하'(Er Riha)라 부르는 작은 성읍입니다. 여리고 는 요단강 서편 넓고 비옥한 평원을 지키는 역사 깊은 보루이며 분당 4,000 리터 이상의 물이 솟아나는 '엘리사의 샘'(왕하 2:9-22)은 이 지역에 종려나 무 숲을 이루게 했습니다. 해면보다 250m 낮은 여리고에서 해발 750m에 있는 예루살렘으로 가는 길은 계속해서 1,000미터를 올라가야 하는 비탈길 입니다.

주님의 '선한 사마리아인의 비유'(눅 10:30-37)는 가파르고 암석이 많아 도 둑들이 자주 출몰하던 예루살렘에서 여리고로 내려가는 이 길에서 되어진 일을 말씀하신 것이었습니다. 주께서는 예루살렘을 향해 가시다가 여리고 에서 세리장 삭개오를 회개시켰고(눅 19:1-10), 소경을 고쳐주신 일이 공관복 음에 공통구절(마 20:29-34, 막 10:46-52, 눅 18:35-43)로 기록되고 있습니다. 누가는 여리고에 가까이 가셨을 때에 한 맹인을, 마태는 여리고에서 떠나갈 때 맹인 두 사람을, 또 마가는 여리고에서 나가실 때 바디매오라고 부르는 맹인 거지를 고쳐 주셨다고 기록하고 있습니다.

눈 먼 바디매오가 어디로 가야할지 모르기 때문에 길가에 앉아 있는 것은 누군가의 도움을 기다리고 있는 모습입니다. 그는 '나사렛 예수님'이라는 말을 듣는 순간 곧 일어나 큰 소리로 '다윗의 자손 예수여 나를 불쌍히 여기 소서'라고 외쳤습니다. 이 절규 속에 배인 아픔을 느끼지 못한 많은 사람들 이 조용히 하라 꾸짖었지만 그는 더 큰 소리로 '다윗의 자손이여 나를 불쌍 히 여기소서'라고 외쳤습니다. 그는 비록 소경이며 거지로, '바디매오' 곧 '명예의 아들'이라는 이름에 걸맞지 않게 살고 있었으나 사무엘하 7장 11- 14절 말씀을 알고 있었습니다.

주께서 가던 길을 멈추고 바디매오를 부르시자 그는 겉옷을 내던지고 벌 떡 일어나 주께로 달려왔습니다. 눈 먼 거지에게 겉옷은 낮에 외투, 밤에는 이부자리가 되는 큰 재산이었지만 그분께 빨리 가는 데 장애물이 되기 때문에 그것마저 버린 것입니다. 주께서는 그의 소원을 아시면서도 "네게 무엇을 하여 주기를 원하느냐"라고 물으셨고 바디매오는 선생님(ραββονί, 랍보니)이여 보기를(ἀναβλέψω, 아나블레포) 원한다고 말했습니다. 주님은 "네 믿음이 너를 구원하였느니라" 하시며 소원을 들어 주셨습니다. 눈을 뜬 바디매오는 자기 길을 가지 않고 주님의 수난의 길을 쫓아갔습니다.

헬라어로 '랍보니'는 탁월한 스승에 대한 존칭이며 막달라 마리아가 부활하신 주께 사용한 말이고(요 20:16), '아나블레포'는 '위를 쳐다보다'라는 뜻이며 '위를 바라볼 수 있고' 십자가를 이해한 사람은 영적인 눈을 뜬 것을 의미합니다. 곧 바디매오와 같이 자신의 시선을 하늘에 두고 어둠 속에서도 빛을 잃지 않은 자만이 주님과 수난 여정을 함께할 수 있습니다. 오직 영적인 눈이 뜨인 사람만이 구원을 받을 수 있고 주님을 따라갈 수 있기 때문입니다. 길은 앉아 있을 곳이 아니라 푯대를 향하여 걸어가야 할 곳입니다.

하나님 지향적인 정체성

그리스도인들이 매일 겪고 있는 옛 성품과 거듭난 새 사람의 갈등에서, 승리는 주 안에서 성령의 권능으로 가능합니다(롬 7:17-25, 15:13). 그리스도인의 영성(靈性, spirituality)은 성령의 이끄심을 인식하면서 주께서 하늘나라로 열어 놓으신 길을 좇아 참된 진리와 생명을 누릴 수 있도록 성령에 의해 삶의 방향을 바르게 제시 받는 것을 말합니다. 성령께서는 성부와 그리스도, 하나님과 그리스도인, 또 그리스도인들 상호 간의 사랑을 통해 하나 되게 하는 통로가 되어 주십니다.

그리스도인의 영성은 주 예수 그리스도를 믿는 신앙에서 출발하여 주 성령의 도우심을 받아 간절한 기도를 통하여 하나님의 뜻대로 사는 것입니다 (롬 8:9-10). 주께서도 아버지의 뜻을 살피시고 그대로 살기 위해 한적한 곳에서 늘 기도하셨습니다. 20세기의 대표적인 영성가 중 한 분인 머튼 (Thomas Merton, 1915-1968)은 하나님의 형상대로 지음 받은 인간이 순수한 사랑과 온전한 자유를 내적 능력으로 회복할 때, 하나님과 일치될 수 있는 진정한 정체성을 갖게 된다고 했습니다.

머튼은 인간은 본래 내면 깊은 곳에 하나님의 임재를 체험할 수 있는 '참 자아'(true self)를 지니고 있었으나 아담의 타락 이후 하나님으로부터 벗어나 '참 자아'를 무시하고 욕심으로 스스로를 쌓아 올리는 '이기적인 정체성'(ego-identity), 곧 거짓 자아(false self)를 만들었다고 했습니다. 또 그는 인간이 다시 하나님의 자녀로 살고자 한다면 주 안에서 하나님의 사랑과 '참 자아'를 찾아가는 기도가 필요한데 그 기도는 하나님이 비추시는 빛을 받기 위해 능동적으로 마음을 여는 기도(prayer of heart)여야 한다고 했습니다.

인간의 숙명은 하나님 지향적이기 때문에 사람은 하나님을 향해 다시 다가가려는 노력을 멈출 수 없고 하나님과의 일치를 추구하는 '하나님 지향적인 정체성'(God-driven identity)을 추구해야 합니다. 곧 '이기적인 정체성'(ego identity)을 버려가면서 '하나님 중심적인 정체성'(God-centered identity)을 회복해 가야 합니다. 머튼은 아담의 타락으로 하나님에게서 소외된 인간이 새로운 창조를 행하신 그리스도의 강생의 신비로 회복되었다고 했습니다. 곧 중재자로써 주님의 사역은 우리를 사랑 받는 하나님의 자녀로 회복시켰습니다.

'참 자아'의 회복을 위해 인간은 자신의 현재 상태를 먼저 파악해야 합니다. 마르틴 부버(Martin Buber, 1878-1965)는 그의 『인간의 길』에서 아담이 책임을 피해보려고 숨었던 것 같이 사람들도 책임을 회피하려고 숨다 보면 점점 더 깊은 타락으로 추락하게 된다고 했습니다. 또 죄의 깊은 수렁으로 빠져 가는 길에서 돌아섬은 인간을 안으로부터 새롭게 하고 자기 중심적인 이기심에서 벗어나 하나님의 부르심을 좇는 길을 찾게 된다고 했습니다. 곧 인간의 내면을 살펴보는 것은 영성생활의 출발점이며 궁극적으로 미래지향적인 일입니다.

인간은 육체적인 존재인 동시에 영적인 존재이므로 영혼과 육체는 서로 떨어져 있는 것이 아니라 한 인간으로서 함께 하나님에 대해 또 하나님과의 관계에 대해 알기를 원합니다. 곧 성숙한 그리스도인은 영혼과 육체, 머리와 가슴 사이의 괴리(乖離)를 극복하고 온전히 통합되어 조화를 이룬 사람을 말합니다. 그러므로 한 인간에 관한 전체적인 영혼과 육체의 조화를 중시하고 전 생애에 걸친 영적 성장의 모든 측면에서 전체적인 영성(holistic spriruality)을 분별하는 전체적인 접근(holistic approach)이 필요합니다.

그리스도인의 삶은 믿음으로 하나님의 뜻을 추구하고 일상생활에서 그 뜻을 사랑으로 실천해 가는 삶이어야 합니다. 영적으로 성숙한 거듭난 사람의 참된 기쁨은 '거짓 자아'의 감옥에서 벗어나 영혼의 중심에 거하시는 생명의 근본이신 분과 사랑으로 하나 되고 모든 허구와 선입견에서 벗어나 풍요로운 자유를 누리는 것입니다.

3장 주께서 하신 일 부르심과 화평

그리스도의 형상을 본받아

그의 뜻대로 부르심을 입은 자들에게는
모든 것이 합력하여 선을 이루느니라(롬 8:28)

　로마서 8장은 "…결코 정죄함이 없나니"로 시작하여 "하나님의 사랑에서
끊을 수 없으리라"로 끝맺고 있는데 현재의 승리(롬 8:1-17)와 다가올 영광(롬
8:18-30) 그리고 하나님과의 영원한 교제(롬 8:31-39), 곧 하나님께서 믿는 자
의 마음 속에 성령의 교통하심(the communication of the Holy Spirit)을 통해
이루시는 성화(聖化, sanctification), 사역의 열매들을 담고 있습니다. 성령께
서는 현재의 삶 속에서 그리스도인 한 사람 한 사람과 교통하고 계십니다.
또 성령의 교통하심을 통해 삼위일체 하나님 모두가 신자와 교통하십니다.
성령께서는 인간과 교통하심에 있어서 성부와 성자 하나님의 대행자이시
기 때문입니다.

　로마서 8장 28-30절에서는 그리스도 안에서 믿는 자들에 대한 하나님의
영원하신 목적을 설명하고 있습니다. 하나님은 인생의 고난, 곧 역경과 환
난조차도 포함한 모든 것을 다스리시는데 '그를 사랑하는 자 곧 그의 뜻대
로 부르심을 입은 자들'이 궁극적으로 합력하여 선을 이루도록 하려는 것
입니다(롬 8:28, 엡 1:4, 5:27). 이때 '그의 뜻'은 하나님의 계획을 말하며 '부르
심'은 존 머리(John Murray)에 의하면 '복음의 보편적인 부르심'이 아니라

성령께서 사람을 구원의 상태로 이끄시어 하나님이 계획하신 구원의 효과를 거두는 소위 유효한 부르심(effectual call)을 가리킵니다.

하나님이 믿는 자들을 부르신 목적은 로마서 8장 29절에 기록되었는데 그리스도인들이 '그 아들의 형상을 본받게 하기 위함' 입니다. 곧 하나님은 인간을 자신의 형상으로 창조하셨습니다(창 1:27). 그러나 인간이 하나님께 반역했으므로 인간이 지닌 하나님의 형상은 더럽혀지고 손상되어 하나님의 형상보다 오히려 마귀의 모습을 더 많이 갖게 된 것입니다. 따라서 성도들이 하나님의 아들이신 그리스도의 형상을 본받아 닮게 되고 성도들 안에서 점진적으로 성화가 이루어질 때 주께서 교회의 머리가 되실 것입니다(엡 4:13-16, 골 1:18, 2:19).

마르틴 부버(Martin Buber)는 그의 『인간의 길』에서 "모든 사람이 다 하나님께 나아갈 수 있으나 각기 나아가는 길은 다르다. 인류의 가장 큰 소망은 사람 사이에 능력과 성향이 서로 다른 데 있다. 하나님이 포괄하시는 힘은 하나님께 나아가는 길이 무한한 다양성, 곧 각기 한 사람에게만 열려 있는 이 다양성에서 드러난다."고 했습니다(고전 12장 참조). 또 그는 "각 사람마다 부름 받은 소명이 다르므로 다른 어떤 사람이 성취한 것을 공부하여 그와 꼭 같아지려고 한다면 그것은 길을 헛가는 셈이 된다."고 했습니다.

로마서 8장 29절과 30절은 유명한 예정론(predestination)을 담고 있으며 로마서 8장 28절의 이유를 밝히고 있습니다. '하나님이 미리 아셨다' (像知, foreknowledge)는 말은 창세 전에 앞으로 믿을 사람들을 미리 선택하셨다는 것을 뜻하며 하나님의 미리 정하심(像定, predestination)의 기초가 됩니다. 예정은 선택된 자들을 하나님이 구원하시려고 사전에 결정하셨다는 것을 의미하며 거듭나면(be born again), 하나님이 의롭다(稱義, justification) 하십니다. 또 의롭다 하신 그들이 성령의 도움으로 계속 성화되고 완전한 그리스도의 형상을 성취하면 영화(榮化, glorification)롭게 하십니다.

프린스톤 학파(Princeton School)를 대표하는 인물 중의 한 사람인 워필드 (Benjamin B. Warfield)는 예지 · 예정 · 부르심 · 칭의(또는 의인) · 영화의 부인할 수 없는 다섯 개념을 '황금사슬'(Golden Chain)이라 하였습니다. 그런데 이 다섯 개념이 모두 창세 전에 미리 계획해 놓으신 일이고 구원의 예정은 불변의 진리이기 때문에 모두 부정과거형으로 기술되고 있습니다. 신학자들이 일컫는 구원의 순서(ordo salutis)는 위의 '부르심'과 '칭의' 사이에 '거듭남'과 '회개', 또 '칭의'와 '영화' 사이에 '성화'를 삽입하여 여덟 개의 개념으로 확대한 것입니다.

로마서 8장 28-30절의 짧은 말씀을 통해 죄와 심판에서 우리들의 영혼을 구원하고자 하시는 하나님의 영광스러운 청사진을 한 눈에 바라볼 수 있는 기회를 갖게 된 것을 감사합니다. 예지와 예정은 역사 이전 영원하신 계획에 의해 이루어졌고 부르심과 칭의는 역사 안에서 교회 사역과 초자연적인 은혜를 통해 각기 성취되고 영화는 아직 도래치 아니한 미래의 일이지만 불변의 진리로 보고 있습니다.

불가항력적인 은혜

내가 나 된 것은 하나님의 은혜로 된 것이니(고전 15:10)

사도 바울은 그가 모든 사도보다 더 많이 수고한 것이 자신의 선택과 뜻으로 그것을 밀고 나간 것이 아니라 하나님의 '불가항력적인 은혜' (irresistible grace)로 이루어진 것이라 했습니다. 곧 바울이 다른 사도들보다 더 먼 길을 여행할 수 있었고 더 많은 핍박을 받으며 더 많은 교회를 설립하고 목회할 수 있었던 것은 자신의 힘에 의해 된 것이 아니요 오직 하나님의 은혜로 된 것이라 했습니다. 우리의 삶도 우리의 믿음과 품성에 의해 온전케 된 것이 아니라 하나님의 무한하신 은혜 때문이었다고 고백해야 합니다.

구약성서에서 '은혜'를 뜻하는 '헨'(chn)이라는 히브리어 명사는 주로 모세 오경과 사무엘까지의 역사서에서 69회 등장하며 70인역 성경에서 '카리스'(charis; 은혜, 호의, 은혜로움, 매력)과 '엘레오스'(eleos; 자비, 긍휼, 연민)로 번역되고 있습니다. 하나님께 은혜를 입는다는 것은 구약에서 은혜와 자비로 다루어 주시기를 바라는 것이며(창 19:19, 출 33:13), 신약에서 하나님의 은혜가 그리스도를 통하여 충만히 나타났을 뿐 아니라 하나님의 은혜를 그리스도 자신이 희생적으로 온전히 표현한 것을 뜻합니다(요 1:16-18, 엡 2:4-9).

루터(Martin Luther, 1483-1546)가 말하는 은혜는 사람이 그리스도를 믿어 죄와 율법에서 구원 받고 의롭다 하심을 받는 '칭의(稱義, justification)의 은혜'를 뜻합니다. 또 루터는 은혜를 받는 것을 인간의 공로나 자유의지에 의한 것이 아니라 완전히 수동적으로 값없이 받는 것뿐이라고 했습니다. 또 은혜에 대한 칼빈(John Calvin, 1509-1564)의 생각은 루터의 것과 거의 같으나 다른 점은 첫째, 성령의 내적인 부르심에 따라야 하는 '불가항력적인 은혜'를 말함이요 둘째, 루터의 '칭의의 은혜'에 성령 충만에 따라 거룩해져 가는 '성화'(聖化, sanctification)의 은혜를 추가하는 소위 이중 은혜를 말합니다.

사도 바울은 그리스도인들 안에서 성령을 통해 개인별로 주어지는 영적 선물(spiritual gifts)을 은사(恩賜), 곧 카리스마(charisma)라 했습니다(고전 12:7,11). 바울은 교회 성도들이 각자의 위치에서 성령께서 주신 다양한 영적 은사, 곧 로마서 12장의 예언(6절), 섬기고 가르치는 일(7절), 위로하고 다스리고 긍휼을 베푸는 일(8절) 및 고린도전서 12장의 지혜와 지식의 말씀(8절), 믿음과 병 고침(9절), 능력 행함, 예언, 영 분별, 방언과 방언 통역(10절)의 의무를 신실하게 수행하며 상호 화평을 도모해야 한다고 했습니다. 또 더 좋은 은사를 사모하라고 격려했습니다(고전 12:31). 그것은 기도할 때 성령께서 도우시면 우리의 자기 중심적인 독백이 하나님 중심의 대화로 변화되기 때문입니다.

사람은 자기다운 것을 알 때 아름다워집니다. 각 사람의 개성(個性, individuality) 또는 정체성(正體性, identity)이 인간관계를 통해 자기다워져 가는 과정, 곧 사회화(socialization)를 통해 인격(personality)을 형성하고 개성에 사회 문화적인 요소를 심고 가꿀 때 정체성을 다듬어갈 수 있습니다. 에릭손(Erik Erikson)은 요람에서 무덤까지 사람의 자기발달 단계를 여덟 단계로 나누고 각 단계에서 직면하는 정체 위기(identity crisis)를 극복해 갈 때 사람이 성장해 간다고 보았습니다. 그러나 그리스도인들은 주 안에서 성령의 은

사에 의해 자아를 초월할 수 있게 됩니다.

그리스도인의 삶에서 모든 것은 하나님이 수립하신 계획의 일부로서 제 자리를 찾아야 합니다. 그것은 믿음의 공동체에서 우리의 영성(spirituality)이 주 안에서 하나님과 생명적인 관계를 갖게 하는 성령의 은사가 자아를 초월하는 은혜를 베푸시기 때문입니다. 또 그리스도인들에 대한 하나님의 사역은 이 세상 안에서 성령의 역사에 의해 실현됩니다. 그러므로 그리스도 인들은 언제나 하나님의 임재하심에 마음을 열고 성령께서 이끄시는 영성 생활을 누리기 위해 하나님과 자주 대화하고 하나님께 헌신하려고 힘쓰지 않으면 안 됩니다.

그리스도의 몸(엡 1:23)인 교회는 세속적인 조직체가 아니라 그리스도께서 생명이 되시는 유기체이고 모든 신자들은 그 지체들입니다. 그러므로 봉사를 위해 모든 지체들은 각기 모두 다른 영적인 은사를 받습니다. 이 은사들은 겸손하게 사용되어야 하며 자신의 허영심을 충족시키기 위해서나 칭송을 받기 위해서 사용되어서는 안 됩니다. 한 개인이 한 가지 이상의 은사를 갖고 있는 것이 보통이며 영적 봉사를 위한 힘은 현재 그가 갖고 있는 은사에 의해 결정됩니다. 은사는 오직 기도와 순종에 의해서만 사모할 수 있습니다.

뜻대로 부르심을 입은 자

하나님을 사랑하는 자 곧 그의 뜻대로 부르심을 입은 자들에게는
모든 것이 합력하여 선을 이루느니라(롬 8:28)

'모든 것이 합력하여 선을 이룬다'는 말씀은 널리 그리스도인들의 입에 오르내리는 성서의 글귀(聖句)입니다. 이것은 로마서 8장 28절의 "우리가 알거니와 하나님을 사랑하는 자 곧 그의 뜻대로 부르심을 입은 자들에게는 모든 것이 합력하여 선을 이루느니라"에서 인용된 말씀입니다. 그러므로 하나님을 사랑하지도 않고 하나님의 뜻대로 부르심을 받지 못한 자들에게는 부적절한 인용이 될 수 있습니다. 하나님의 뜻이 먼저 있고 그 뜻에 따라서 하나님께 선택 받은 자들이 부르심을 입은 자들이요 또 하나님을 사랑하는 자들이기 때문입니다.

사도 바울이 '하나님을 사랑한다'는 말보다 '하나님께서 사랑하신다'는 말을 더 많이 사용한 것은 하나님의 뜻, 곧 구원의 뜻이 확정되어 있었기 때문이라고 생각됩니다. 그러나 바울은 고린도전서 8장 3절에서 "누구든지 하나님을 사랑하면 그 사람은 하나님도 알아 주시느니라"고 했습니다. 이 성구에서 바울은 '알다'를 뜻하는 헬라어 '기노스코'($\gamma\iota\nu\acute{\omega}\sigma\kappa\omega$)의 완료 수동태 직설법인 '에그노스타이'($\check{\epsilon}\gamma\nu\omega\sigma\tau\alpha\iota$)로 표현하고 있어 하나님께 인정받은 상태가 영원히 계속되는 것임을 나타내고 있습니다. 하나님을 사랑하

지 않는 자는 아무라도 하나님을 알지 못합니다(요일 4:8). 물론 하나님께서 먼저 사랑하셨기 때문에 우리는 하나님을 사랑하는 것입니다(요일 4:19).

하나님이 '그의 뜻대로 부르셨다면' 어떤 목적을 갖고 계실 터인데 그 목적은 '그 아들의 형상을 본받게 하기 위함입니다'(롬 8:29). 부르심에는 두 가지가 있는데 첫째는 모든 사람에게 죄를 회개하고 주께 돌아와 구원을 얻으라고 공개 초청하는 일반적이고 보편적인 부르심이 있습니다(마 11:28, 요 7:37). 둘째는 초청된 사람을 성령께서 구원의 상태로 이끄셔서 구원의 효과를 거두는 내적이고 특수하며 유효한 부르심(effective calling)을 말합니다(롬 8:28, 30, 엡 4:1).

성령께서는 하나님의 뜻과 온전히 일치되게 사역하시며 이 땅에서 우리에게 일어나는 모든 일이 궁극적인 선을 이루게 하십니다(롬 8:27). 로마서 8장 전체의 문맥에서 생각하면 중보 기도자로서 성령의 사역에 대한 특수한 진술 다음에 8장 28절이 이어짐으로 NEB(The New English Bible)는 "우리가 알거니와 모든 것에서 성령이 하나님을 사랑하는 자들과 함께 선을 위해 협력한다"(And in everything, as we know, he cooperates for good with those who love God)라고 번역하고 있습니다. 믿는 이들의 선을 위해 모든 것이 스스로 활동한다고 생각할 수 없기 때문이라고 생각합니다.

칼 바르트(Karl Barth)는 로마서 8장 28-29을 그의 강해에서 "우리는 압니다: 하나님께서는 그를 사랑하는 사람들, 곧 그의 뜻에 따라 부르심을 받은 사람들에게 모든 일이 합력해서 선을 이룬다고 하는 것을 압니다. 그것은 그가 아신 자들을 그의 아들의 형상과 같은 모습이 되도록 정하셨기 때문입니다.(이로써 그가 많은 그의 형제들 가운데 맏아들이 되게 하기 위함인 것입니다!)"라고 번역하고 있습니다. 곧 바르트는 '모든 것'을 주어로 삼지 않고 '하나님'을 주어로 하고 있습니다.

믿는 이들은 그리스도 안에서 선한 일을 위하여 창조된 자들이며(엡 2:10),

선한 양심을 받은 자들입니다(행 23:1, 딤전 1:5,19). 또 이것은 선한 일에 열매를 맺게 하고(골 1:10), 항상 선을 좇고(살전 5:15), 모든 사람에게 선을 행하라(롬 15:2, 16:19, 갈 6:6,10)는 절박한 권고를 기초로 하고 있습니다. 인간들이 세운 제도들 사이에서 옳고 그름의 구분은 하나님 앞에서 무너지게 됩니다. 선은 다름 아닌 '그 아들의 형상을 본받는 것', 곧 예수 그리스도처럼 되는 것입니다. 그것이 분명한 선인데 인간이 창조주를 닮는 것보다 더 높은 선을 생각할 수 없기 때문입니다.

로마서 8장 28절은 많은 사람들이 잘 알고 있을 뿐만 아니라 잘못 인용하고 있는 성경 구절 가운데 하나입니다. 곧 사람들은 곧잘 "그래, 모든 것이 합력하여 선을 이룰 거야."라고 어깨를 으쓱거리면서 말하기를 즐겨합니다. 그러나 이 구절이 마치 사람들이 무엇을 믿든지 또는 어떠한 성품의 사람이든지 상관없이 이 구절이 모두에게 적용되는 것처럼 생각하는 것은 잘못입니다. 모든 것이 합력하여 선을 이루는 것은 '하나님을 사랑하는 자'와 '그분의 뜻대로 부르심을 받은 자'에게만 제한적으로 적용되는 말씀이기 때문입니다.

어떻게 의를 가지겠는가

우리로 하여금 그 안에서
하나님의 의가 되게 하려 하심이라(고후 5:21)

산상 설교에서 주님은 '의에 주리고 목마른 자'는 복이 있다고 하셨습니다(마 5:6). 이것은 하나님의 사랑하심과 그의 형상의 회복을 간절히 바라는 자가 모든 영적인 축복을 받는다는 것을 뜻합니다(마 6:33). 사도 바울은 주께서 우리를 구속(redemption)하기 위해 자신을 버리사 향기로운 화목 제물(propitiation)로 성부 하나님(God the Father)께 드리셨다고 했습니다(엡 5:2). 성부 하나님께서 경건치 못한 자들을 의롭다(稱義, justification)고 하실 수 있었던 것은 주님(Jesus Christ)이 우리 대신 죽으심으로 죄값을 치르신 구속과 화목 사역에 기초를 두고 있습니다.

구약에서 영원한 평안과 안전은 공의의 결과요 화평(샬롬)을 유지하려면 공의(righteousness, 체데카)를 실천해야 했습니다(사 32:17). 거룩한 전쟁(聖戰)은 구약 전체를 지배하고 있는 율법, 특히 신명기 20장의 전쟁법과 여호수아서의 전멸의 원칙에서 찾아볼 수 있습니다. 그러나 이스라엘과 유다가 지나치게 부패하여 하나님이 그들의 편을 들 수 없었던 경우 아모스, 호세아, 이사야, 미가와 예레미아 선지들은 앗수르와 바벨론에 군사적인 저항을 하는 것이 옳지 않다고 말하면서 거룩한 전쟁을 뒤집어 버렸습니다.

신약에서 중요시하는 것은 어떻게 화평을 유지할 것인가 보다 어떻게 의(디카이오쉬네)를 가지겠는가 입니다. 곧 사도 바울이 가졌던 의는 자신의 노력이나 율법을 지키는 행위에서 온 것이 아니라 오로지 십자가에서 죄를 속량하신 그리스도를 믿음으로 말미암아 하나님께서 주시는 의를 받아들인 것으로 본 것입니다(빌 3:9). 물론 신약의 강조점이 모든 사람의 평안과 안전을 도모하는 '샬롬'에서 화평의 열쇠가 되는 의를 우선적으로 다루는 것으로 옮겨진 것은 구약에서 관심의 대상으로 삼은 것과 충돌하는 것이 아니라 논리와 내용면에서 구약의 관점을 보완하는 것이라 할 수 있습니다.

고린도후서 5장에서 사도 바울은 신령한 몸을 덧입는 부활에 대한 소망 때문에 주를 기쁘시게 하려는 열정과 주님의 대속적 죽음에 대한 책임감을 느끼면서 우리가 하나님과 화해하고, 이 세상과 하나님이 화해하게 하는 사명을 수행하는 자임을 밝히고 있습니다. 그리스도인은 첫째, 선과 악, 의와 불의를 화해시키기보다 악과 불의를 물리쳐야 하고, 둘째, 억누르는 자보다 억눌림을 받는 이를 편들어야 하며, 셋째, 언제 어디서나 싸움이 있을 경우, '중간노선'을 택해 기회주의적인 방법으로 화해를 가장해서는 안 됩니다.

주께서는 마태복음 5장 39-42절과 누가복음 6장 29-30절에서 '오른편 뺨을 치거든 왼편도 돌려 대고 속옷을 원하는 자에게 겉옷을 주는 등 악한 자를 대적치 말라'고 하셨습니다. 그러나 주께서 보여준 행동은 오히려 악한 바리새인들에게 공격을 서슴지 않았고, 성전을 깨끗하게 하려고 짐승을 내몰고 환전상의 상을 들러엎었으며, 재판 받는 자리에서 뺨을 친 하급관리에게 항의했습니다(요 18:22). 이러한 주님의 저항은 악한 자에게 항거치 말고 원수를 사랑하라는 주님의 가르침과 의로운 관점에서 조금도 어긋나지 않는다고 생각됩니다.

또 주께서는 당시의 권력자들도 두려워하지 않았습니다. 어떤 바리새인이 다가와서 헤롯이 죽이려 한다고 전했을 때 갈릴리 베레아 지방을 관할했던 분봉왕에게 여우라 했고(눅 13:32), 빌라도가 관정에서 "네가 유대인의 왕이냐"라고 물었을 때 "네가 스스로 하는 말이냐 다른 사람들이 네게 한 말이냐"라고 대꾸했습니다(요 18:33-34). 그리스도인 또는 교회도 의라든가 순결과 같은 윤리적인 가치를 뒤집으려는 자들의 명령이나 행정조치에 의해 강제되거나 업신여김을 당할 때 우뚝 서서 의연함을 보여야 합니다.

주 예수께서는 바리새적인 엘리트 의식을 거부하고 평민 계급의 권리를 지키며, 인류 문화에 새로운 세계관을 열어 놓으셨습니다(막 7:1-5, 눅 6:1-5, 11:37-41). 주께 의지하는 사람들은 율법과 장로들의 유전을 모르는 무식한 범인(凡人)이라고 경멸을 받고 있던 '암하아레츠'(am haaretz), 곧 소박한 어부, 농민, 하급관리와 하층노동자들이 많았습니다. 주께서는 가난하고 억눌린 사람들을 옹호할 다른 방법이 없을 경우 한없는 연민의 정을 분노로 표출할 수 있는 실천적 평화주의자였기 때문입니다.

주께서 행하신 일

그는 우리의 화평이신지라 둘로 하나를 만드사
원수 된 것 곧 중간에 막힌 담을 자기 육체로 허시고(엡 2:14)

에베소서에서 1장부터 3장의 주제가 '그리스도 안에서 우리의 위치'라면 4장부터 6장까지는 '우리 안에서 그리스도의 삶'이라 할 수 있습니다. 에베소서 1장에서 사도 바울의 호소와 기도가 그리스도 안에서 이 서신을 읽는 이들이 실제로 얼마나 부유한 자들인가를 알기를 원하는 것이었다면 에베소서 2장은 그리스도인들에게 구원 받기 전과 구원 받은 현재의 상태를 생각할 때 하나님과의 관계와 하나님으로부터 받은 생명을 비교하면서 그리스도 안에서 우리들이 누리고 있는 은혜를 감사하고 찬양하게 됩니다.

에베소서 2장의 내용은 감사하는 그리스도인들에게 신령한 것이지만 타락한 그리스도인들에게 꾸짖고 일깨워주는 말씀이며 구원 받지 못한 이들에게 복음의 증거가 되는 것입니다. 에베소서 2장 1-10절은 그리스도인들이 구원 받기 전 허물과 죄로 죽었던 본질상 진노의 자녀들이었으나 이제 긍휼에 풍성하신 하나님께서 크게 우리를 사랑하셔서 구원하셨고 주 안에서 선한 일을 위해 지으신 자들로 변화시키셨다고 했습니다. 그러므로 구원의 은총을 입은 그리스도인들은 자신의 유익이 아닌 하나님의 선한 일을 위해 주 안에서 다시 창조되어 하나님의 형상으로 회복된 것입니다.

에베소서 2장 11-22절은 주 안에서 이방인과 유대인 사이에 막힌 담이 허물어져 이들이 한 몸이 되었을 뿐만 아니라 주께서 지신 십자가로 인해 이 둘이 함께 하나님과 화목하게 되었다고 했습니다. 그러므로 이방인 신자들은 이제 더 이상 외인도 손도 아니요 동일한 시민과 하나님의 권속일 뿐만 아니라 하나님이 거하실 처소가 되기 위해 주 안에서 함께 지어져 가고 있다고 했습니다. 그것은 성령의 도우심으로 신자들에게 하나님께 나가는 길이 열리고 교회의 머리가 되시는 주님을 중심으로 서로 연결되어졌기 때문입니다.

주께서는 "이 우리에 들지 아니한 다른 양들이 내게 있어"(요 10:16)라고 말씀하셨습니다. 이것은 주께서 주로 유대인들에게 말씀하신 점을 고려할 때 여기에서 다른 양은 믿음을 가지려는 이방인을 의미하는 것이라 생각됩니다. 누가복음 14장 23절의 산울(hedge)과 에베소서 2장 14절의 담(wall)은 똑같이 헬라어 프라그모스(phragmos)로 표현되고 있습니다. 주께서 큰 잔치의 비유를 말씀하신 누가복음 14장 15-24절은 먼저 하나님의 초청을 받고도 이를 거절한 이스라엘 사람들이 구원에서 배제되는가 하면 길과 산울가에서 초청된 이방인들이 구원된 것을 시사하고 있습니다(행 10장 참조).

에베소서 2장 14절에서 '중간에 막힌 담'은 유대인의 뜰과 이방인의 뜰을 차단하기 위해 3규빗(약 1.5m) 높이의 돌로 둘러 쌓은 장벽을 생각하면서 이방인이 겪어야 할 이중적인 소외(疏外) 곧 하나님으로부터의 소외와 이스라엘로부터의 소외를 표현한 것입니다. 유대인의 뜰은 제사장들, 유대 남자와 여자의 세 뜰로 구분되며 모두 성전과 동일한 높이에 있었습니다. 여기에서 다섯 계단 내려가면 벽이 있고 또 열네 계단을 더 내려가면 벽이 또 하나 더 있는데 그 너머가 이방인의 뜰이고 그 담에는 이방인이 여기에서 더 나가는 것을 금지한다는 팻말이 붙어 있었습니다(요세푸스 『고대사』 VIII 3.2 및 사도행전 21장 28절 참조).

하나님이 이방인을 사람처럼 창조한 것은 유대인이 그들을 종으로 부릴 때 불쾌감을 갖지 않게 하기 위해서라는 탈무드의 언급과 유대인이 율법을 지킨다는 이유로 이방인을 차단하는 장벽을 쌓은 것은 타 민족의 적개심을 불러일으켰습니다. 곧 AD 70년에 예루살렘이 파괴되었을 대 성전과 함께 이 장벽도 부서져 버렸습니다. 그리고 주께서 십자가에서 운명하실 때 소위 이방인이 겪어야 했던 이중적 소외가 해소된 것으로 보았습니다.

주께서 행하신 일이 화평일 뿐 아니라 그리스도 자신이 지금도 한결같이 우리들의 화평이십니다. 화평은 분쟁과 싸움의 반대가 되는 화목과 온전함의 상태를 말합니다. 오늘날 사상의 장벽, 흑백 간의 인종차별, 사회 계급 간의 차별 등도 옛날 유대인들의 이방인 차별보다 심하지 않습니다. 사도시대의 위대한 승리는 그리스도 안에서 유대인과 이방인이 하나가 될 수 있게 한 것입니다. 하나님과 화평하게 된 사람은 다른 사람들과도 화평하게 되어야 합니다. 교회가 '가시밭 속의 백합'이라고 생각하면서 아삽이 시편 80편 12절에서 "주께서 어찌하여 그 담을 허시사 길을 지나가는 모든 이들이 그 포도를 따게 하셨나이까"라고 읊조린 것을 묵상해 보시기 바랍니다.

평화의 언약을 맺는 하나님

그리스도의 평강이 너희 마음을 주장하게 하라(골 3:15)

하나님의 평강이 사람의 생각과 예측을 뛰어넘어 역사하시는 것을 확신할 때 우리는 항상 기뻐하며 모든 염려에서 벗어날 수 있습니다(빌 4:4-7). 우리들은 기도와 간구와 감사함으로 구할 것을 아뢰면 하나님의 평강이 주 안에서 우리의 마음과 생각을 지켜주시기 때문입니다. 사도 바울도 주께서 다시 오신다는 복된 소망이 모든 근심을 뛰어넘어 기쁨을 누릴 수 있게 한다고 했습니다. 그리스도인은 '평강이 없는데 평화롭다고 말하는'(렘 6:14) 사람들이 아니요 그리스도인의 평화는 그 누구도 빼앗을 수 없는 평화입니다.

평강의 주께서는 원수를 사랑함으로써 세상을 이기시고 평강의 길을 여셨습니다(살후 3:16). 주께서는 자기 속에서 미움이라는 독소를 완전히 제거해 버리셨기 때문에 미움을 받는 고통은 있었으나 남을 미워하는 고통은 그분에게 없었습니다. 곧 평강의 길에서 먼저 버려야 할 것은 내 안에 미움의 고통입니다. 사랑은 안팎의 적을 극복하는 유일한 길이기 때문에 미움을 미움으로 맞서면 서로 그 미움을 제거할 수 없습니다. 사도 요한은 서로 사랑하라는 권면을 세 번이나 반복하면서 그 이유를 주 예수 그리스도의 자기 희생적인 사랑을 통해 설명하고 있습니다(요일 4:7-15).

구약성서에서 '평화', '온전함', '건강'을 뜻하는 샬롬(shlm)은 237회나 등장하는 대단히 중요한 용어입니다. 이 단어의 기본적인 으미는 단순히 좁은 뜻의 '평화'(peace)가 아니라 보다 넓은 뜻에서 '안녕'(well-being)을 의미합니다. 또 샬롬은 많은 구절에서 국가간(왕상 4:24) 또는 개인간(슥 6:13)의 우호관계를 나타내고 있습니다. 하나님은 평화의 언약을 맺는 분입니다(수 9:15, 겔 34:25). 모든 축복은 하나님께로부터 오는 것이기 때문에 기드온은 제단을 쌓고 하나님께서 평강을 주시는 분이라는 뜻에서 그 이름을 '여호와 샬롬'이라 했습니다(삿 6:24).

선지자들의 메시지에서 샬롬도 '안녕'과 '평화'를 포괄하고 있지만 전체적인 범위와 영역에서 '구원'이라는 보다 넓은 의미를 지니고 있습니다(사 48:18, 54:13, 렘 29:11, 겔 34:11). 이사야 선지는 이사야서 52장 7-12절에서 하나님이 예루살렘에 오심을 시로 노래하고 있는데 첫 절(7절)에서 "좋은 소식을 전하며 평화를 공포하며 복된 좋은 소식을 가져오며 구원을 공포하며 시온을 향하여 이르기를 네 하나님이 통치하신다 하는 자의 산을 넘는 발이 어찌 그리 아름다운가"라고 읊조리고 있습니다. 또 57장 16-19절은 과거 반역한 자들을 지금 고쳐주시고 입술의 열매를 창조하시는 하나님이 그들에게 평강을 선포하고 계십니다.

친구를 만나면 지금도 유대인들은 '샬롬'이라 인사하고 아랍인들도 '살람'이라 인사합니다. 또 오늘날 유대인들은 '마샬롬카'(mah shalomkha, 평안하십니까, 어떻게 지내십니까)라고 처음 대하는 자 또는 서로 간에 인사를 나누고 있습니다. 70인역성경에서 히브리어 '샬롬'은 '에이레네'(εἰρήνη)로 번역되고 있는데 이 '에이레네'(평강, 평화)는 신약의 여러 서신서의 도입부에서 은혜(charis, 카리스)와 함께, '은혜와 평강'으로, 또 서신을 끝맺는 인사에도 사용되고 있습니다. 곧 바울은 세속 헬라어 문안인사인 은혜와 평강(chairein kai eirēnē)을 서신에서 아용한 것입니다.

평화는 하나님께서 그리스도와 그의 공로에 의해 사람에게 의와 온전함으로 주어졌기 때문에 그리스도인들이 주 안에서 누리게 됩니다(요 16:33, 빌 4:7, 벧전 5:14). 인간과 세상의 온전함이라는 뜻에서 평화(고후 5:17, 갈 6:15)는 인간관계를 새롭게 하기에 '서로 화목하라'(막 9:50, 고후 13:11), '가능한 한 모든 사람과 더불어 화목하라'(롬 12:18)는 명령이 주어질 수 있습니다. 교회는 그리스도의 평강과 성령의 기쁨으로 세워지고(골 3:15, 롬 14:17,19) 또 그 평화를 누리도록 부름 받았습니다(고전 7:15). 하나님 나라는 성령 안에서 사람들을 조화롭게 하는 의와 평강이기 때문입니다(롬 14:17).

마태복음 5장 9절에는 "화평하게 하는 자는 복이 있나니 그들이 하나님의 아들이라 일컬음을 받을 것임이요"라는 축복의 말씀이 있습니다. 사도 바울은 주께서 십자가의 피로 땅 위에 있는 모든 것들과 하늘에 있는 것을 화평케 하려고 오셨고 그 화평은 성령의 열매로 주어진다고 했습니다(골 1:20, 갈 5:22). 화평케 하는 이들은 그리스도의 영이 머무는 이들이고 하나님 나라를 넓혀가는 이들입니다. 십자가에 못 박히신 주님과 함께 멍에를 메고 모두를 용서하는 이들은 행복합니다. 하나님께서 그들 안에서 주의 모습을 알아보시고 그들을 당신의 아들이라 부르실 것이기 때문입니다.

더불어 화평을 누릴 수 있도록

그가 그리스도로 말미암아 우리를 자기와 화목하게 하시고
또 우리에게 화목하게 하는 직분을 주셨으니(고후 5:18)

우리는 유대인의 선민의식이 두드러지게 다른 것을 모두 알고 있습니다. 그 약한 민족이 살아남을 수 있었던 것은 다분히 그들의 선민의식에 의존한 까닭일 수 있으나 그 선민의식이 편협한 민족주의에 휘말리게 될 때 올바르게 이해되지 못했을 뿐 아니라 이웃 나라에도 도움이 되지 못했습니다(마 3:9). 한 민족의 선택은 하나님의 '세계구원의 도구' 로서 지상의 모든 백성을 축복 받게 하려는 데 목적을 두는 것입니다(창 12:3, 롬 3:29). 그러므로 햇빛은 인위적으로 한정된 곳에 제한될 것이 아니라 그 빛으로 열방을 모두 비추는 것이 되어야 합니다(사 49:6).

태양 '으로부터' 받는 열에너지는 빛을 '통하여' 지구상의 사물과 '함께' 할 때 생명에 도움을 주는 힘이 됩니다. 곧 하나님의 인류 구원계획은 그리스도 안에서 계시되고 실현되는데 그리스도인들과 함께 하셔서 역동적인 생명을 받아 누리도록 도와주시는 분은 인간 안에 임재하시는 성령님이십니다(롬 8:26). 그리스도의 죽음과 부활의 주요한 효과는 인간을 하나님과 화해시키고 더불어 화평을 누릴 수 있게 한 것입니다. 사도 바울의 서신에서 화해의 사상이 특히 두드러지게 나타난 대목들이 있습니다(고후 5:17-20, 롬

5:10-11, 골 1:19-23, 엡 2:11-22).

그리스도를 통하여 우리를 하나님과 화해시키신 분은 하나님 자신이십니다(고후 5:18). 곧 하나님께서는 자신의 창조 목적에 맞도록 우리의 세계관과 인생관을 바꾸어 주 안에서 우리를 새롭게 창조하시고 우리와의 관계에서 어그러진 모든 것을 없애시고(reconcile), 우리와 화목(reconciliation)하게 되셨습니다(고후 5:17-19). 워렌(Rick Warren) 목사는 "하나님께서 자신을 아직 모르는 사람들에게 나타내시기 위해 우리를 이 땅에 보내셨다"고 했습니다. 곧 우리를 화목하게 하는 직분을 감당하도록 보내신 것입니다(고후 5:18-20).

사도 바울은 로마서 5장 10절에서 화목의 주제와 함께 칭의(justification)의 주제를 도입하고 있습니다. 곧 주 예수 그리스도(Jesus Christ)께서는 친히 흘리신 피값으로 우리(Christian)를 구속(redemption)하기 위해 성부 하나님(God the Father)께 화목 제물(propitiation)이 되셔서 우리의 죄에 대한 하나님의 진노를 딴 데로 돌리십니다. 그러면 하나님은 그리스도 안에서 우리 죄를 처벌하신 것으로 보시고 그리스도의 의를 우리에게 전가시키셔서 우리를 의롭다 하십니다. 그리스도의 성품이 성령을 통해 우리의 가장 깊은 곳으로 주입될 때 우리는 하나님과 바른 관계에서 오는 화평을 누리게 됩니다(롬 5:11).

골로새서 1장 19-20절에서 하나님의 신성이 그리스도 예수 안에 충만하게 임한 것은 하나님이 십자가에서 흘린 예수의 피로 이루어진 화평에 의해 만물, 곧 땅이나 하늘에 있는 모든 피조물들과 화목을 누리기를 원하시기 때문이라 했습니다. 또 21-23절에서 주께로 돌아오기 이전의 골로새 교인들은 마음으로 하나님과 원수 되어 악을 행해왔으나 주께서 십자가 위에서 그 분의 육신을 죽음에 버리심으로 골로새 교회와 하나님이 화목되었을 뿐만 아니라 하늘 아래 피조물에게 화해의 복음이 편만하기를 소망하고 있습니다. 이때 '피흘림'을 '육체의 죽음'으로 바꾼 것은 영지주의를 경계한 것으로 봅니다.

에베소서 2장 11-22절에서 주께서는 유대인과 이방인을 갈라놓았던 '담'을 무너뜨리고 그들이 한 몸이 되게 하여 하나님과 화목하게 하셨습니다. 이때 '담'은 예루살렘 성전 뜰을 갈라놓았던 담에서 가져온 표현이며 '화목(해)하다'라는 뜻의 동사인 '아포카탈랏소'(ἀποκαταλλcσσω)에는 에베소서 1장 10절의 '그리스도 안에서 통일'이라는 개념이 내포되어 있습니다. 또 '한 몸'은 평강의 장소인 교회를 의미한다고 볼 수 있습니다(엡 1:23, 골 3:15). 그러므로 이제 이방 그리스도인들은 유대 성도들과 동일한 시민, 하나님의 권속이 되어 하나님의 처소로 함께 지어져 가게 되었습니다.

구약의 화목제(제바흐 웰라임)는 하나님과 사람뿐 아니라 사람 사이에도 소, 양 또는 염소를 제물로 드리는 것인데 피(생명의 근원)와 기름(힘의 근원)은 태워 올리고(레 3:1-17), 제사장들과 봉헌자가 나머지를 먹었습니다(레 7:11-36). 그러나 선지자들이 말하는 참 화목제는 깨끗하고 바른 마음을 드리는 것이었습니다(미 6:6-8). 또 신약에서 바울의 화목론은 사람이 드리는 제물이 아닌 하나님의 그리스도를 통해 이루어지고 교회의 머리가 되시는 그리스도를 중심으로 하나님이 기뻐하실 처소로 계속 끊임없이 함께 연결하여 지어져 가는 것이었습니다.

화평을 만드는 그리스도인

화평하게 하는 자는 복이 있나니(마 5:9)

산상 설교는 율법이 아닌 복음입니다. 율법은 사람이 스스로의 힘을 기울여 최선을 다하도록 요구하는 것인데 반하여 복음은 하나님께서 각 사람에게 거저 주신 은혜(恩惠, 카리스), 곧 은사(恩賜, 카리스마)를 깨닫게 하여 이것을 새로운 삶의 토대로 삼으라는 외침입니다. 산상 설교 서두의 "심령이 가난한 자는 복이 있나니"로 시작되는 하나님의 축복을 받는 자들의 여덟 가지 성품(八福)을 살펴보면 참으로 은혜롭다는 것을 알게 됩니다(마 5:3-12). 그것은 인간이 무엇을 행하는가 보다 인간이 하나님의 면전에서 어떠한 존재이어야 하느냐가 중요하기 때문입니다.

하나님의 백성이 갖추어야 할 성품은 우선 오만이 아닌 영적인 무지를 깨닫고, 자기 만족이 아닌 자신의 영적 상태 때문에 애통하며, 방자함이 아닌 온유와, 독선이 아닌 주님의 의에 주리고 목말라 하는 것입니다. 또 이어지는 세 가지 성품은 하나님의 긍휼을 경험한 자들이 다른 사람을 긍휼히 여기고, 불순한 것을 증오하는 자들이 청결한 마음을 사모하며, 주께서 십자가에서 성취하신 화평을 누리는 것입니다. 그리고 사악한 자들은 하나님의 거룩한 형상을 지니고 있는 복이 있는 사람들을 핍박할 것입니다.

팔복 가운데 화평케 하는 자는 화평을 지키는 자(peacekeepers)가 아닌 화평을 만드는 자(peacemakers)를 뜻하며 헬라어 '에이레노포이오스' 는 '평화' 또는 '화평' 을 의미하는 '에이레네' ($\epsilon\iota\rho\eta\nu\eta$)와 '행하다' 를 뜻하는 '포이에오' ($\pi o\iota\acute{\epsilon}\omega$)의 합성어입니다. BC 200년 이전에 70명의 학자가 에집트의 알렉산드리아 도서관을 위해 번역한 헬라어 구약성경, 곧 셉투아진트(The Septuagint)에는 '에이레네' 로 옮겨진 헬라어의 거의 모두가 히브리어 '샬롬' 입니다. 그러나 '샬롬' 이 사람들 또는 사람들과 하나님 간의 관계를 지칭하는 데 반하여 '에이레네' 는 전쟁의 반대말이며 땅과 사람에게 온갖 축복이 흐르고 있는 평화로운 상태를 말합니다.

트루먼(Harry Truman) 대통령은 1945년 8월 6일 원자폭탄으로 히로시마(廣島)를 파괴할 것을 발표하면서 "우리가 원자력을 사용했다는 사실은 자연의 위력에 대한 인간의 이해에 새로운 전기를 가져왔고 원자력이 현재 석탄, 석유, 수력에서 얻고 있는 동력에 대체물이 될 것"이라 전망했습니다. 그러나 원자폭탄을 개발한 아인슈타인(Albert Einstein)은 이미 1964년에 "원자가 지니고 있는 방종한 힘은 인류의 생존을 위해 근본적인 새로운 사고를 필요케 한다"고 예언했습니다.

사람들은 흔히 미래는 시간과 더불어 다가온다고 생각합니다. 그러나 인류가 체험하고 있는 자기 위협이 핵, 화학적 생물학적 대량파괴 수단과 급속하게 진행되고 있는 자연 파괴를 통해 총체적인 위협으로 다가올 때 인류의 미래는 순탄할 것으로 이해되지 않습니다. 핵무기의 군비확장은 강대국 간에 세계 지배를 위한 다툼에서 비롯되었습니다. 그러나 핵의 독점은 불가능하기 때문에 아무도 승리치 못하고 협박하는 자가 또한 협박 당하는 자가 될 것입니다. 곧 먼저 발사하는 자는 뒤이어 멸망하기 때문에 우리나라, 베트남, 이란, 아프카니스탄 등지에서 핵 위험이 아무런 도움이 되지 못했습니다.

핵시대가 인류 종말의 시대라면 인간 생존을 위한 투쟁은 핵의 종식을 위한 시간을 벌기 위한 투쟁에 불과합니다. 북반구 국가들의 중무장은 제3세계 민족들에게 깊어가는 가난과 늘어나는 외채 부담 그리고 최악의 환경 재난을 안겨 주고 있습니다. 곧 착취는 가난을 초래하고 부채를 갖게 하며, 부채는 삼림의 벌목과 초원의 지나친 방목을 통한 환경 파괴를 초래하고 있기 때문입니다. 곧 북반구 국가들의 군축 없이 남반구의 자유와 발전이 보장되지 않으며, 남반구의 자유와 발전을 위해 북반구의 군축이 전제되어야 합니다.

칼빈(Jean Calvin)은 『기독교강요』에서 "하나님의 영은 도처에 임재하시고 하늘과 땅 위에 있는 모든 것을 보존하며 기르고 생존케 하여 주신다"고 했습니다. '화평하게 하는 자들'은 '하나님의 아들들'로서 악취를 내뿜는 이 세상의 대기 속에 하늘나라의 맑고 평온한 향기를 계속하여 불어넣어야 합니다. 하나님의 백성인 그리스도인들은 화평하게 하는 자들로서 화평으로 심어 의의 열매를 거두어야 하기 때문입니다(약 3:18).

4장 잠잠한 양 같이 십자가와 고난

털 깎는 자 앞의 양 같이

그가 채찍에 맞음으로 우리는 나음을 받았도다(사 53:5)

햇불이 다가오자 가룟 유다가 이끄는 대제사장의 하인들이 칼과 몽둥이를 들고 나타났습니다. 가룟 유다가 주께 다가와서 "랍비여 안녕하시옵니까"하고 입을 맞추니 그 무리가 잽싸게 주님을 에워쌌습니다. 이 때 베드로가 칼로 대제사장의 종 '말고'의 오른쪽 귀를 쳐서 떨어뜨리니(요 18:10), 주께서 칼을 도로 칼집에 꽂게 하고 "칼을 가지는 자 다 칼로 망한다" 하시면서 곧 종의 귀를 고쳐 주시고(눅 22:51), 아무 저항도 없이 잡히셨습니다(마 26:47-56, 막 14:43, 50, 눅22:47-53, 요 18:3-12). 제자들은 제각기 달아나버렸습니다.

사순절의 마지막 6일은 엄격하게 절제하기 때문에 성 주간(Holy Week)이라 하고 그리스도의 십자가 수난을 기념하는 날을 주의 수난일(Day of the Lord's Passion)이라 하며 그 날을 기념할 때 은혜를 받기 때문에 성 금요일(Good Friday)이라 합니다. 또 로마는 성 금요일, 성 토요일(침묵일)과 부활 주일을 특별히 강조하여 성 삼일(triuum)이라 합니다(마 26:46-28:10, 막 14:43-16:8, 눅 22:47-24:12, 요 18:2-20:10). 영어로 수난을 의미하는 passion은 '견디다'를 뜻하는 라틴어 동사 patior에서 유래되었으며 수동적(passive)이라는 뜻도 갖습니다. 주님의 능동적인 리더십은 잡히실 때 돌연 정지되고 그 분의 수난이 시작되었습니다.

주님은 먼저 안나스에게 끌려가서 밤새 시달리시고 이른 아침에 보내어진 가야바의 뜰에서 빌라도의 관정으로 끌려 가니 유월절 예비일(Day of preparation), 곧 니산월 14일 새벽이었습니다(요 18:28). 안나스는 그 해의 대제사장인 가야바의 장인이었고(요 18:13), 대제사장직에서 물러난 뒤에도 산헤드린을 지배했던 자입니다. 빌라도는 주님을 헤롯에게, 헤롯이 다시 빌라도에게 보냈으므로 주께서 지칠대로 지쳐 있었습니다. 주께서 털 깎는 자 앞의 양 같이 잠잠했으나(사 53:7), 그리스도와 유대인의 왕이신 것은 그렇다고 대답하셨습니다(마 26:64, 27:11).

기적에 대한 호기심을 만족시키지 못한 헤롯은 산헤드린의 고발에서 암시를 얻어 장난으로 왕의 예복 비슷한 것을 주께 입혀 빌라도에게 돌려보냈을 때 총독도 마음에 들었습니다(눅 23:12). 빌라도는 헤롯이 시작한 조롱(렘 20:7)을 계속하고 왕의 예복을 걸친 주 예수를 유월절 관례에 따라 풀어 주겠다고 제안했으나 온 군중은 바라바를 원했습니다. 주님을 군병들에게 넘겨 채찍질과 희롱케 하니 백합처럼 순결하던 분이 머리에 쓴 가시관에서 흐르는 피로 이제 장미꽃처럼 붉어졌습니다. 주께서 채찍에 맞음으로 우리가 치유함을 받았습니다.

군인들은 주님의 어깨에 십자가를 지우고 골고다 언덕을 향해 끌고 나갔습니다. 주께서 힘에 겨워 세 번 땅바닥에 쓰러지셨던 그 슬픔의 길 비아 돌로로사(Via Dolorosa)는 수난의 길이었습니다. 오전 9시부터 오후 3시까지 주께서는 심한 고통과 고뇌를 겪으면서도 일곱 말씀을 남기셨습니다(눅 23:34, 23:39-43, 요 19:25-27, 마 27:46, 요 19:28, 30, 눅 23:44-49). 요한복음에 의하면 유월절 식사는 금요일 저녁에 먹는 것이지만(요 18:28, 19:14), 주께서 그때까지 살아계시지 못할 것을 아시고, 하루 일찍 '최후의 만찬'을 드시고(요 13:1,

눅 22:15), 예비일 오후 유월절 양이 죽임 당하는 그 시간에 운명하신 것이 됩니다(요 19:30).

처형장 가까이에 동산과 바위에 판 장사한 일이 없는 무덤을 가지고 있던 아리마대 요셉이 총독의 허락을 받아 그 새 무덤에 주님을 안장했습니다(눅 23:50-56, 사 22:16). 주께서는 성부께서 맡기신 일을 완성하시고 고난주간 일곱째 날 곧 토요일, 무덤에서 안식하셨습니다. 슬픔으로 마음이 무너져 내린 여인들도 주와 함께 쉬었습니다(막 15:46-47). 그러나 안식 후 첫날 이른 아침에 주님은 부활하셔서 막달라 마리아에게 먼저 보이셨습니다(막 16:9, 요 20:16).

주께서는 참된 유월절(Passover), 곧 이 세상에서 하늘나라로 건너가는 (pass over) 다리를 놓으셨습니다. 주후 2세기에는 부활절 의식을 주일에 거행하는 것이 일반화되었는데, 이것은 참 유월절 어린양이신 예수님의 '대속의 죽음'을 기념하여 강조하기 위해서입니다. 사도 요한은 주님의 '때'에 십자가 처형의 순간뿐 아니라 부활의 순간도 보았습니다. 주께서 자신을 온전히 드리셔서 성부께 신뢰하며 맡기시던 바로 그 순간 주 안에서 하나님이시며 사람이신 그 분의 사역이 완수되고 자신의 영, 곧 성령을 믿는 이들에게 넘기시었습니다(요 19:30).

주님의 한숨과 탄식을 들으라

내 하나님이여 어찌 나를 버리셨나이까(시 22:1)

시편 22편은 주께서 십자가를 지신 성 금요일에 알맞은 시편이므로 '수난장'이라 일컬어지고 있습니다. 그것은 이 시에 하나님의 진노를 감내하시면서 죽음의 고통과 두려움을 겪으신, 심오하고 숭고한 그리스도의 고난이 들어 있기 때문입니다.

경건한 그리스도인이라면 누구든지 이 시에서 주께서 우리들을 대속하시기 위해 죽음을 당하실 때 아버지께 버림 받으시고 지옥의 고통과 두려움 가운데서 토해 내셨던 주님의 한숨과 탄식을 느끼고 들을 수 있어야 합니다. 따라서 믿는 사람들은 사순절기에 이 시를 암송하면서 시의 한 절 한 절을 음미하는 것이 바람직합니다.

어거스틴(Augustine, 354-430)은 "시편은 우리 주 예수 그리스도의 인격 안에서 머리와 지체들에 의해 바쳐지는 기도이며 그리스도는 머리시고 우리는 그 지체들이다. 말할 나위 없이 그 분의 목소리는 곧 우리의 목소리이며 우리의 목소리는 곧 그 분의 목소리이다. 그러므로 우리는 시편에 귀를 기울이면서 그 안에서 그리스도의 목소리를 들어야 한다."고 하였습니다.

전승에 의하면 주께서 십자가에 달리셨을 때 "내 하나님이여 내 하나님이

여 어찌 나를 버리셨나이까"(시 22:1, 마 27:46, 막 15:34)라는 이 시구(詩句)부터 암송하기 시작하여 "내가 나의 영을 주의 손에 부탁하나이다"(시 31:5, 눅 23:46)라는 시구에 이르러 주님의 영혼이 떠나셨다고 합니다. 물론 '십자가에서 일곱 말씀'(seven word from the cross)에서는 시편 22편 1절은 네 번째, 시편 31편 5절은 마지막 일곱째 말씀입니다.

시편 22편 1절은 육체적인 고통이나 핍박자의 조롱보다도 아버지 하나님께 간절히 호소했지만 아무 응답도 받지 못하고 버림받았다는 울부짖음이라 할 수 있습니다.

시편 31편 5절은 다윗이 영적인 죽음을 당하지 않으려고 자신의 영을 주의 손에 맡긴 것을 뜻합니다. 그러나 그리스도와 그분 이후의 모든 그리스도인들이 자신의 영혼을 하나님께 부탁하는 것은 죽음 후에 영원히 살 수 있기 위해서입니다.

결국 주님은 시편 22편에서 "엘리 엘리 라마 사박다니"라는 고뇌에 찬 말씀을 취하시고 시편 31편에서 운명 직전에 말씀하신 사랑과 신뢰의 말씀을 얻었습니다. 주께서 인용하신 시편 22편 1절의 말씀은 히브리어로 "엘리 엘리 라마 아자브타니"이나 주께서 아람어를 사용하여 '아자브타니'를 '쇠바크타니'로 바꾸셨으니 뜻은 같다고 할 수 있습니다.

시편 22편 7-8절에서 특히 "입술을 비쭉이고 머리를 흔들며" "저가 여호와께 의탁하니 구원하실 걸"이라는 비웃음은 지나가는 자들, 제사장들과 서기관들에게서 흘러나온 말들(마 27:39-44)에 가깝습니다.

시편 22편 15절에서 "내 혀가 잇틀에 붙었나이다"라는 말씀은 주님이 느끼신 극심한 갈증에 대해 말씀하신 "내가 목마르다"(요 19:28)라는 가상칠언(架上七言) 중 다섯 번째 말씀과 비교됩니다. 성경말씀은 거기 서 있던 사람들 중 하나가 신 포도주를 머금은 해융(海絨)을 우슬초에 매어 드리니 받으셨다고 기록되고 있습니다(마 27:48, 요 19:29-30).

시편 22편 14절에서 17절까지 수난 받는 자의 고통을 표현한 부분은 비록 신약성경에서 그리스도의 고난에 관하여 직접 인용하지는 않지만 그 내용은 십자가 수난을 예언한 것으로 보고 있습니다. 곧 십자가는 모든 뼈를 어그러지게 하여 찢어진 부분에서 피가 다 빠져나가면 육체의 모든 수분이 말라버리기 때문입니다.

시편 22편 18절은 주님을 십자가에 못 박은 자들이 주님의 겉옷을 나눈 고통스러운 사건을 묘사하고 있습니다. 겉옷은 이은 자리를 따라 네 개로 나누어진다고 합니다. 로마법에 따라 네 명의 군인이 참여했고 이들이 제비를 뽑아 누가 가질 것인가를 결정했습니다(요 19:23-24). 속옷은 통으로 짠 것이어서 나눌 수 없는 것이지만 이에 대해서는 아무런 기록이 없습니다.

성도가 자기 십자가를 질 때 주님의 죽음과 부활에 영적으로 참여할 수 있습니다(갈 2:20). 사도 바울이 세상과 나를 상대적인 관계로 보고 서로 못 박힌다고 말한 것은 오직 주님의 십자가만이 유일한 구원과 생명의 근원이 되기 때문입니다(갈 6:14). 우리는 주님을 따르는 매일의 삶 속에서 자기의 십자가를 져야 할 것입니다.

주님의 발자취를 따르라

누구든지 나를 따라오려거든 자기를 부인하고
자기 십자가를 지고 나를 따를 것이니라(막 8:34)

사순절(Lent: 고대영어 Lencten)을 뜻하는 영어는 봄에 낮이 더욱 길어지기 (Lengthen) 시작하는 계절적인 특성을 나타내고 있습니다. 곧 일 년 중 이 절기에 우리들 마음에서 어두움과 빛이 서로 갈등을 일으키고 있기 때문에 마치 겨울과 봄이 주도권을 잡기 위해 다투고 있는 것처럼 생각된 것입니다. 봄비에 새 잎이 돋아나기 시작하는 이 영적인 계절에 우리들은 하늘을 향해 마음 문을 더 넓게 열고 모든 어두움을 빛 앞에 드러내면서 삶의 변화를 열망해야 합니다. 그리고 주께 더 가까이 다가갈 수 있어야 합니다.

주께서는 "누구든지 나를 따라오려거든 자기를 부인하고 자기 십자가를 지고 나를 따르라"고 적어도 세 번 반복하여 말씀하셨습니다(마 10:38, 막 8:34 / 마 16:24 / 눅 9:23, 눅 14:27). 예수를 주로 믿고 그리스도인이 된다는 것은 주께서 가신 길을 따라간다는 것을 뜻합니다. '자기를 부인한다' 는 것은 자기중심적인 집착을 버리고 하나님을 삶의 중심에 둔다는 것을 의미합니다. '자기 십자가를 지고 따르라' 는 것은 죽음까지도 두려움 없이 받아들이고 그리스도의 고난에 동참하여 주께서 걸어가신 십자가의 길을 따라오라는 명령입니다.

그러나 주님의 속죄(贖罪)에 대한 신앙도 없으면서 그리스도의 본을 따르려는 사람들이 있습니다. 그들이 마음 속으로 주님과 같이 살아갈 수 있는 능력을 구하지만 그러한 수고는 헛된 것이 될 뿐입니다. 어떤 이들은 주님의 길을 따르지 않고 성령의 인치심만을 추구하기도 합니다. 또 십자가의 보혈을 통한 구원을 믿으면서도 고난을 당하신 주님의 발자취를 따르는 데 게으른 이들도 있습니다. 이들에게 필요한 것은 주께서 믿는 자들의 머리가 되신다는 것과 성령의 인치심이 우리 마음에 있다는 것을 믿고 주를 따르는 것입니다.

토마스 아 켐피스(Thomas a Kempis, 1380~1471)도 그의 유명한 『그리스도를 본받아』(The Imitation of Christ)의 '2권 11'에서 다음과 같이 쓰고 있습니다. "예수님과 천국을 사랑하는 사람은 많으나 이 땅에서 주의 십자가를 지고자 하는 사람은 매우 적습니다. … 항상 주께 위로 받기만을 구하는 사람은 돈에 팔려 고용되어 있는 노동자들과 무엇이 다르겠습니까? 저들은 항상 자기들의 유익과 소득만을 생각하는 사람들이니(빌 2:21). … 다른 사람들이 그를 높이고 존경한다고 해서 스스로 자만하여 자기 자신을 높이지 말고 다만 자신이 무익하고 보잘것없는 종이라는 것을 깨닫도록 해야 합니다(눅 17:10)."

십자가형(十字架形, Crucifixion)은 죄수를 나무 십자가에 매달아 놓고 죽도록 버려두는 방법이며 페니키아인들이 창안한 이후 동방에서는 페르시아, 서방에서 로마가 채택했으며 로마제국 전 영역에서 정치 지배에 반항한 하층민에게만 집행되었습니다. 그러나 로마 시민권자에게는 이 형이 주어지지 않았습니다. 요세푸스(Flavius Josephus, 37~100?)는 BC 4년에 로마 장군 바루스(Varus)가 유대인 2,000명을 십자가형으로 처형한 것을 기록하고 있습니다. 로마제국이 그리스도교를 공인한 4세기경에 십자가형은 폐지되고 상징화가 시작되었습니다.

『십자가 신학』(Theology of Cross)에서 트루베츠코이의 십자가관은 '영을 대표하는 세로막대'(vertical bar)가 '육을 대표하는 가로막대'(horizontal bar)를 땅에서 하늘로 쳐들어 십자가로 교차되는 점에 주께서 달려 대속사역을 행했으므로 그리스도인들도 세상에서 선교를 통해 믿지 않는 자들을 열심히 하늘나라로 들어 올려야 한다는 귀한 사상입니다. 주께서는 아침 9시(제3시)에 십자가에 달리시고(막 15:25), 세 시간 후인 정오(正午), 곧 낮 열두 시(제6시)가 되자 어두워져 세 시간 계속된 후(막 15:33) 숨을 거두셨습니다.

온 땅이 어두워진 것은 사람의 마음을 어둡게 하는 마귀의 권세가 드러나고 세상의 빛이신 주께서 죽음의 세력과 싸우고 계셨기 때문입니다(막 15:34, 시 22:1). 오후 세 시(제9시)경 주께서 마귀의 어두운 세력에 승리하시고 '다 이루었다'(요 19:30) 선포하신 후 운명하시니 이때 어둠은 드디어 물러가고 지성소로 가는 길을 막았던 홍색실로 짠 1인치 두께의 휘장이 위로부터 아래까지 찢어져 하나님 아버지께 이르는 길이 열리게 되었습니다. 곧 주의 보혈을 힘입어 죽을 수 밖에 없었던 자들이 하나님 아버지께 나아갈 수 있게 된 것입니다(히 10:20).

그리스도인의 마음에 하나님의 씨

한 알의 밀이 땅에 떨어져 죽지 아니하면 한 알 그대로 있고
죽으면 많은 열매를 맺느니라(요 12:24)

주께서는 한 알의 밀이 땅에 떨어져 많은 열매를 맺듯이 새 생명들을 풍성하게 거두고 계십니다. 아버지께 순종하셔서(사 53:10,12) 많은 사람의 죄를 대신 지셨을 때 그분의 사랑이 주께 영광을 가져오는 것입니다(요 17:1,5).

'한 알의 밀' 비유는 죽음이 궁극적인 결실에 필수적이라는 자연법칙을 상징적으로 나타내고 있습니다. 주님의 죽음이 주님 자신뿐만 아니라 모든 그리스도인들에게도 영광과 생명의 길이 되고 있습니다. 그리스도인들은 세상에서 인간의 본능적인 욕망을 추구하는 생명(ψυχη, 프쉬케)을 버릴 때 영원한 하나님의 생명, 곧 영생(ζωή, 조에)을 누리기 때문입니다(요 12:25). 주께 대한 믿음은 덧없는 이 세상의 모든 유혹에 대해 죽는 것을 뜻합니다(막 8:35). 그리스도인들의 모든 소원과 욕망을 포함한 인격 전체가 주께 순종할 때만 그들의 생명이 풍성한 은혜를 체험하게 될 것이기 때문입니다.

사도 바울은 뿌려진 씨 안에 있는 생명이 죽어 해체되어야만 새로운 싹이 돋아나듯이 씨의 형체가 그것에서 돋아나온 새로운 식물의 형체와 같지 않고 사람의 현재의 몸과 부활의 몸도 같지 않다고 했습니다. 또 그것은 식물계에서 씨나 혹은 씨 뿌리는 사람의 의사에 따라 새 생명의 형체가 결정되

는 것이 아니라 하나님의 뜻에 따라 결정된다고 했습니다(고전 15:36-38). 이러한 바울의 사상은 영혼 불멸만 시인하는 헬라사상과 현재의 몸과 부활의 몸이 동일하다고 믿는 유대적 관념을 부정하는 독특한 것이었습니다.

주님의 씨 뿌리는 비유(막 4:1-25, 마 13:1-23, 눅 8:4-18)에서 '씨' 는 대체로 '씨를 뿌린다'(σπείρων, 스페이론)는 뜻의 동사에 포함되어 표현되고 있으나 누가복음 8장 5,11절의 두 곳에서만 'Seed'(σπόρος, 스포로스)를 뜻하는 명사를 사용하고 있는데 그중 8장 11절은 '씨' (스포로스)를 '하나님의 말씀' 이라 했습니다. 그러나 베드로전서 1장 23절에서 '하나님의 살아 있고 항상 있는 말씀' 인 썩지 아니할 '씨' (σπορα, 스포라)는 하나님의 말씀을 직접 가리킨다기보다는 '성령의 검' 인 '역동적인 말씀' (ρῆμα, 레마)으로써, 받아들이는 심령을 성화시켜 거듭나게 하는 원동력을 뜻합니다(벧전 1:24-25).

헬라어 신약성서에서 '씨를 뿌린다' 는 동사 '스페이로' 에서 파생된 '씨' 를 뜻하는 명사는 위에서 설명한 '스포로스' 와 '스포라' 외에 식물의 씨, 사람의 씨 또는 후손, 하나님의 씨(요일 3:9), 남은 자손(계 12:17)으로 번역되어 가장 많이 등장(44회)하는 '스페르마' (σπερμα)가 있습니다. 이 '스페르마' 로 '씨' 를 나타내는 것 중 특히 요한일서 3장 9절에서 '하나님의 씨' 는그리스도인을 거듭나게 하는 생명을 뜻하나, 온전히 성화된 영혼을 뜻하는 것은 아닙니다. 그리스도인의 마음에 '하나님의 씨', 곧 말씀과 성령이 거하면 범죄를 자제하는 힘이 되기 때문입니다.

주께서는 공관복음에서 수난과 부활에 대해 세 번에 걸쳐 예고하셨습니다. 첫번째는 마태복음 16장 21-28절, 마가복음 8장 31절-9장 1절, 누가복음 9장 21-27절에서, 두번째는 마태복음 17장 22-23절, 마가복음 9장 30-32절, 누가복음 9장43-45절에서, 세번째는 마태복음 20장 17-19절, 마가복음 10장 32-34절, 누가복음 18장 31-34절입니다. 요한복음 12장 20-36절에서 헬라인 몇이 주님을 뵈옵고져 하니 주께서 '인자가 영광을 얻을 때가 왔다'고 하시면서 '한 알의 밀'의 비유를 들어 인자가 들려야 할 것을 말씀하셨습니다. 그때는 성전에서 유대지도자들의 적의가 확실해졌을 화요일인 것 같습니다. 헬라인들이 온 것은 이방인들에게까지 주의 대속범위가 확장되었다는 점에서 의미심장한 것입니다(사 49:6).

주께서 헬라인들의 방문을 받았을 때 "인자가 영광을 얻을 때가 왔도다"(요 12:23)라 한 것은 주님의 구속범위가 이스라엘에 국한되지 않고 전 우주적인 보편성(universalism of salvation)을 갖게 된 것을 의미합니다. 주께서 자신의 우리에 들지 아니한 다른 양들에게도 관심을 보여왔기 때문입니다(요 10:16). 주가 이룩하신 영화(glorification)는 하나님의 영광을 드러내고 하늘나라를 온 세상에 임하게 하는 자기 포기에 의해서 가능했습니다. 이것은 마치 많은 열매를 맺기 위해 땅에 떨어져 죽어야만 하는 한 알의 밀과 같았습니다.

그리스도의 이름을 위해 고난 받는 것

현재의 고난은 장차 우리에게 나타날 영광과
비교할 수 없도다(롬 8:18)

시편 기자는 "우리에게 우리 날 계수함을 가르치사 지혜로운 마음을 얻게
하소서"(시 90:12)라고 기도하고 있습니다. 시간이 고난의 소용돌이 속으로
흐를 때에도 믿음은 우리의 연수에 생명을 더해 주어야 하기 때문입니다.
때가 악할수록 우리는 시간을 속량해야 합니다(엡 5:16). 또 그리스도인들은
주 안에서 모든 어려움을 굳건하게 견디며 다가오는 위험에 담대하게 대비
하고 즐거움도 흔쾌하게 나누면서 더불어 걸어갈 수 있는 믿음을 키워가야
합니다.

로마서 8장은 성서에서 가장 사랑 받는 장의 하나입니다. 곧 우리는 로마
서 8장에서 복음의 절정에 이르는데 우리가 그리스도를 구주로 영접하고
의롭다고 일컬어졌을 때를 구원의 과거적인 측면으로 보았다면(롬 1:18-
4:25), 우리의 삶이 계속 성화되어 죄의 영향에서 자유로워져 가는 과정(롬
5:1-8:17)을 현재적 측면으로 보고 있습니다. 그리고 로마서 8장 18-25절은
영화, 곧 죄 그 자체가 아예 없는 상태에서 그리스도의 재림을 기다리는 소
망의 미래적인 측면이 전개되고 있습니다. 로마서 8장에는 패배를 가져오
는 '나' 대신에 '영'이라는 말이 21번 나오는데 자기 중심에서 성령 충만한

삶을 중요시하고 있습니다.

사도 바울은 로마서 8장 17절에서, 하나님의 자녀는 그리스도와 함께 영광을 받기 위해 고난도 함께 받아야 할 것을 강조하고 있습니다. 그리고 로마서 8장 18절에서 생각하건대 현재의 고난은 장차 우리에게 나타날 영광과 비교할 수 없다고 했습니다. 곧 그리스도와 함께 영광을 받기 위해서는 그리스도와 함께 고난도 받아야 한다는 것입니다. 사도 바울은 그리스도의 구원사역이 모든 이들에게 전파되는 것을 기뻐했습니다. 그것은 복음 전파가 그리스도와 교회를 위한 고난이기 때문이며 자기의 육체를 걸어서 싸워볼 만한 일이었기 때문입니다(골 1:24).

골로새서 1장 24절에서 바울이 그리스도의 남은 고난을 자기 몸에 채운다고 한 것은 그리스도의 십자가 고난이 불충분하였다는 것을 의미하는 것이 아닙니다. 만일 그 고난이 불충분한 것이었다면 바울도 구원을 받지 못했을 것이기 때문입니다. 죄 없는 하나님의 독생자가 죄인들을 위해 받은 고난은 죄인들이 상상할 수 없는 것입니다. 그러므로 사도 바울이 그리스도의 남은 고난을 그의 몸된 교회를 위해 자기 육체에 채운다고 말한 것은 전도뿐 아니라 목회를 의미할 수도 있습니다. 목회는 빛나고 아름다운 것만은 아니기 때문입니다.

초대 교회에서 전도가 시작되었을 때 사도들은 많은 고난을 당했습니다. 사도들은 능욕을 받으면서도 그리스도의 이름을 위해 고난을 받는 것을 기쁨과 영광으로 생각했습니다(행 5:17-41, 벧전 5:1). 사도 바울도 옥에 갇히며 여러 번 심하게 매 맞고 각종 위험을 겪으면서 노예처럼 일하고 잠 못 자며 헐벗고 배 고팠던 경험을 열거한 후 심리적으로 교회에 대한 염려로 짓눌려 살았다고 했습니다(고후 11:23-28). 또 바울은 그리스도를 위해 허약함, 능욕, 궁핍, 박해와 곤고를 기쁘게 받아들였는데, 그것은 자기가 약할 그때에 더욱 강해지기 때문이라 했습니다(고후 12:10).

연민(憐憫)은 사랑하는 이들을 위해 고통과 위험을 기꺼이 견디는 사랑을 말합니다. 곧 연민은 사랑과 고통 사이의 관계입니다. 그런데 사랑에는 인내가 있어야 하므로 연민과 인내는 모두 '고통을 받는다'라는 뜻의 라틴어 'patier'에 뿌리를 두고 있습니다. 하나님은 사랑이십니다(요일 4:16). 하나님은 세상에 인간이 되어 오시면서 사랑을 나타내시기 위해 고난을 받으신 것입니다. 하나님은 우리에게 무성한 잎 대신 알찬 열매를 기대하십니다(눅 16:6-9). 열매 맺음은 하나님께 영광을 돌리고 우리를 위해 죽으신 주님의 사랑을 본받아 서로 사랑하는 것입니다(요 13:34, 15:12-13).

그리스도의 고난을 아는 자는 자기가 구원 받은 것을 알고 그리스도로 말미암아 사랑을 받고 있다는 것을 압니다. 그리스도의 고난에 동참하는 것은 죽음에 대해서도 주께서 십자가에서 나타내신 죽음의 모습과 동일하게 된다는 것입니다. 바울은 '날마다 죽노라'고 했습니다(고전 15:31). 바울은 자기 몸에 예수의 흔적(스티그마, 痕跡)을 가졌노라(갈 6:17)고 했습니다. 몸에 쇠도장을 불에 달구어 찍는다는 것은 주인의 종이 되었다는 것을 뜻합니다. 그러나 쇠도장의 흔적은 주인의 소유물로서 영광이 약속된 증거입니다.

5장 새로운 피조물 예수님의 부활

부활하신 주께서 함께하시고

만일 우리가 그의 죽으심과 같은 모양으로 연합한 자가 되었으면
또한 그의 부활과 같은 모양으로 연합한 자도 되리라(롬 6:5)

부활의 신비는 온 누리에 꽃을 피우고 죽음의 한계를 뛰어넘는 소망을 갖게 합니다. 십자가에서 그리스도의 죽으심은 한정된 시간의 어두운 세상에서 영원한 빛의 나라로 가는 통로가 되셨습니다. 사도 바울은 '우리가 그리스도의 죽으심을 본받아 그분과 연합된 자가 되었다면 그분이 부활하신 것처럼 언젠가 죽은 자 가운데서 육체로 부활하게 될 것'이라 했고 이 부활이 미래적인 것만이 아니라 이 세상에서 '새 생명'으로 누릴 수 있다고 했습니다(롬 6:4-5, 엡 4:22-24). 곧 우리의 영적인 삶은 십자가와 부활에서 시작된 것입니다.

마가복음 16장에 안식 후 첫날 이른 아침 해가 떠오를 무렵, 향품을 가지고 주님의 무덤으로 가는 막달라 마리아와 야고보의 어머니 마리아와 살로메가 등장합니다. 이 여인들은 십자가 옆에서 주님의 죽으심을 지켜본 이들입니다. 그런데 무덤을 막아놓았던 돌이 이미 굴려져 있었고 무덤 안에서 빛난 흰 옷을 입은 천사가 주님의 부활을 증거하고 주께서 먼저 갈릴리로 가셨으니 제자들에게 그곳에서 주님을 만나게 될 것이라 했습니다. 주께서는 제자들과 관계 회복을 원하셨기 때문입니다. 하늘의 천사는 이제 이 여

인들을 부활의 기쁜 소식을 전하는 최초의 일꾼으로 만들었습니다(막 16:1-8).

사도 마태는 안식 후 첫날이 되려는 새벽에 막달라 마리아와 다른 마리아가 무덤에 갔을 때 갑자기 큰 지진이 일어났고 주의 천사가 하늘에서 내려와 돌을 굴려내고 그 위에 앉으니 무덤을 지키던 자들이 두려워서 떨며 죽은 사람들처럼 땅에 쓰러지는 것을 보았다고 했습니다. 여인들이 천사의 부활 메시지를 제자들에게 전하기 위해 돌아갈 때 또 '형제들에게 갈릴리에서 보자고 전하라' 는 주님의 분부를 받습니다. 로마 군인들의 보고를 받은 대제사장들은 제자들이 시신을 훔쳐갔다고 거짓말을 하도록 돈으로 매수합니다(마 28:1-15).

주께서는 남자의 도움 없이 여자에게서 탄생하셨는데 4복음서는 모두 부활의 영광스러운 소식을 처음으로 전해준 이들이 여자로 되어 있습니다. 막달라 마리아의 이름은 4복음서에 모두 나오고 야고보의 어머니 등을 합치면 6명 이상이 될 것입니다. 복음서마다 천사들을 다르게 표현하고 있으나 부활이 하늘에서 승리를 뜻하기 때문에 수많은 천사들이 보였던 것 같습니다. 주께서는 부활하신 후 승천하실 때까지 여러 번 나타나 하나님 나라의 일을 말씀하셨는데(행 1:3), 사도행전 10장 41절과 13장 31절을 감안하면 성서의 아래 기록보다 많았을 것입니다.

1. 이른 아침 막달라 마리아(막 16:9-10)와 2. 다른 여자들에게(마 28:9-10), 3. 엠마오로 가는 두 제자에게(막 16:12-13, 눅 24:13-32), 4. 베드로에게(눅 24:34), 5. 열한 제자에게(막 16:14, 눅 24:36 이하, 요 20:19 이하), 6. 도마를 포함한 11제자에게, 7. 갈릴리 바닷가에서 7제자에게, 8. 갈릴리에서 11제자에게, 9. 게바와 12제자, 500여 형제와 야고보에게(고전 15:5-8), 10. 마지막 나타나심과 승천(막 16:6, 눅 24:44 이하, 행 1:3 이하), 11. 사도 바울에게(행 9:3 이하, 22:5 이하, 26:12) 입니다.

누가의 부활신학은 베드로의 성령강림 설교(행 2:33 이하)에서 전개되었고 베드로는 시편 16편을 부활의 근거로 인용하고 있으며 주님의 승천으로 주님의 역사하심이 계속되는 것으로 표현하고 있습니다. 또 누가는 주께서 엠마오로 가는 두 제자와 만남에서 길을 걷는 모티브를 부각시켰고 부활 후 나타나신 곳을 특히 세 번 모두 예루살렘에서 일어난 것으로 묘사하고 있는 것이 타 복음과 구별됩니다.

사도 요한은 주님의 죽음과 부활을 개인적인 것으로 해석하고 있습니다. 주께서는 도마의 불신을 사랑으로 종식시키시고(요 20:24-29), 갈릴리 바닷가에서 베드로의 사랑을 세 번 확인하신 후 리더십을 회복시켜 주셨습니다 (요 21:15-17). 그리스도인들은 자신들만의 독특한 삶을 살도록 주 안에서 부르심을 받았으므로 뚜렷한 소명의식을 가져야 합니다.

우리들도 인생 여정에서 엠마오로 내려가던 제자들과 같이 소망을 잃고 크게 실망할 때가 많습니다. 그러나 부활하신 주께서 함께하시고 우리들의 마음과 영의 눈을 열어 주시면 우리들은 주님에 대한 사랑으로 가슴이 뜨겁게 불타오르게 됩니다. 그리고 엠마오로 가던 제자들과 같이 곧 일어나 자신들이 주님을 만난 체험을 형제자매들에게 전하려고 예루살렘으로 돌아가며, 또 형제자매들과 함께 부활의 신비를 다른 이들과 나누기 위해 길을 떠나게 될 것입니다.

제자들 가운데 나타나신 주님

너 손과 발을 보고 나인 줄 알라(눅 24:39)

부활하신 주께서는 엠마오로 가던 두 제자에게 나타나셨습니다(눅 24:13-35). 엠마오로 가던 제자들은 기쁨에 차서 예루살렘으로 다시 돌아옵니다. 예루살렘에 모여 있던 제자들은 그들에게 주께서 참으로 부활하셨고 시몬 베드로에게 나타나셨다고 말했습니다. 제자들이 그들에게 일어난 모든 일로 인해 흥분하며 한참 서로 이야기를 나누고 있을 때 주께서 평강을 기원하시며 그 가운데 모습을 보이셨습니다(눅 24:36). '평강' (에이레네)은 히브리어의 '샬롬'에 상응하는 유대인들의 인사말입니다.

주께서 문을 잠그고 숨어 있던 제자들에게 나타나신 것은(요 20:19) 예수님의 부활하신 몸이 자연인의 육체와는 달리 '신령한 몸' (고전 15:35-58)으로 변화되어 모든 물리적인 장벽들을 초월하실 수 있게 되었기 때문입니다. 물론 주님은 인성(人性)과 신성(神性)을 함께 가졌기 때문에 공생애 기간에도 물리적인 제한을 초월하셔서 바다 위로 걸어서 배에 가까이 오신 적도 있었습니다(마 14:22-33, 막 6:45-52, 요 6:15-21). 주께서 가장 필요한 시기에 주를 버렸고 혼란과 의심에 빠져 있는 제자들에게 하신 첫 말씀은 "너희에게 평강이 있을지어다"라는 인사였고 또 주님의 임재는 그들에게 평강을 가져다 주었습니다.

　주께서 갑자기 제자들 가운데 서시자 그들은 놀라고 무서워하여 그분을 영으로 생각했습니다. 그러나 그것은 허구도 아니요 유령도 아니었습니다. 주께서는 제자들에게 당신의 손과 발을 보여 주시며 "내 손과 발을 보고 나인 줄 알라. 또 나를 만져 보고 살펴보라"고 권하면서 "유령은 살과 뼈가 없으나 너희가 보는 대로 나에게는 있다"고 했습니다(눅 24:39-40, 참조 요 20:25). 곧 주께서는 살과 뼈로 된 몸을 갖고 계셨고 음식도 잡수실 수 있었습니다(눅 24:43). 그러나 그분의 몸은 나사로처럼 회복된 것도 아니었습니다(요 11장).

　부활하신 주님의 몸에는 십자가에서 해 받으실 때 입은 상처들이 그대로 있었기 때문에 제자들은 사랑하고 따르던 스승이라는 것을 즉시 확인하는 기쁨과 놀라움을 함께 경험했습니다(눅 24:41). 누가는 의사이며 헬라인이었기 때문에 누가복음은 이방인 청중을 대상으로 한 것입니다. 따라서 누가는 육신의 감옥에서 영혼의 해방을 지향하고 육신과 영혼을 대립시키는 이분법적인 플라톤 철학에 입각하지 않고 육신의 부활을 통해 이방인을 감싸는 사랑의 손과 주님의 증인으로서 힘차게 활동할 수 있는 발을 중요시한 것입니다.

　사도 바울은 아덴의 전도를 위한 아레오바고 설교(행 17:16-31)에서 헬라의 범신론, 불가지론 혹은 회의론의 사상이 오히려 하나님을 바르게 만나지 못하게 하고 있다는 것을 깨닫게 하려고 "하나님은 멀리 떨어져 계시지 않기 때문에 더듬어 찾기만 하면 만날 수 있다"고 강조했습니다(행 17:27). 또 바울은 영혼의 불멸만을 주장하는 헬라 사상은 물론 현재의 신체와 부활의 몸(spiritual body)이 동일한 것으로 믿는 유대적 관념을 부정하고 부활의 몸이 생전의 신체와 같지 않다는 것을 천계의 형체(celestial bodies)와 지상의 형체(terrestrial bodies)를 예를 들어 설명하고 있습니다(고전 15:12-58).

부활하신 후 주께서 예루살렘을 다시 찾으신 것은 제자들을 가르치시고 제자들에게 주님의 복음을 온 세상에 전파할 사명을 맡기기 위해서였습니다(눅 24:44-49). 물론 주께서 이전에도 제자들을 가르치셨지만 그들이 아직 부활의 신비에 대해 온전히 이해하지 못했기 때문입니다(눅 9:45, 18:34 참조). 따라서 주께서는 이번에 그들의 마음을 열어 구약성경의 기록이 메시아의 부활로 성취된 것을 이해할 수 있도록 가르치셨습니다(신 18:15-20, 시 16:9-11, 시 22장, 사 53장). 또 제자들이 성령의 능력을 힘입어 예루살렘에서 전 세계에 이르기까지 주님의 증인이 되도록 위임했습니다(행 1:8, 2:1-4).

칼빈(John Calvin)은 "인간의 영이 몸의 각 지체와 부분에 움직임과 생기를 부여하는 역할을 하듯이, 하나님의 영은 우리 속에 거하시면서 외적인 결과를 통해 자신을 드러내신다."고 했습니다. 이사야서 61장은 미래에 올 메시아의 시대를 예언하고 있으며 주께서 공생애를 시작하시면서 나사렛 회당에서 이사야 61장 1-2절을 낭독하셨을 때 성령이 임하셨습니다(눅 4:16-21, 요 1:32). 이제 "땅이 싹을 내며 동산이 거기 뿌린 것을 움돋게 함 같이 주 여호와께서 공의와 찬송을 모든 나라 앞에 솟아나게" 하실 것입니다(사 61:11).

온전히 그 자신으로 사는 것

봄비가 내린 후 곳곳에 새 생명이 싹트고 꽃이 핀 나무들은 기쁜 색으로 빛나고 있습니다. 막혀 있던 큰 돌은 옮기어져 있었고 십자가에 달리셨던 분의 무덤은 텅 비어 있었습니다. 무덤 입구를 막았던 돌은 삶을 방해하는 모든 것을 상징하고 그 돌이 굴려졌다는 것은 죽음의 세력이 이미 무너진 것을 뜻합니다. 돌 위에(마 28:2-3)와 무덤의 우편에(막 16:5-6) 흰 예복을 입고 앉아 있던 천사들은 하늘의 전령이며 주님의 부활은 하나님의 개입으로 이루어졌다는 것을 암시해 줍니다.

마가복음 16장에서 빈 무덤은 참으로 "하나님의 아들 예수 그리스도의 복음"(막 1:1)임을 온 세상에 증거하고 있습니다. 마태복음 28장에서 예수님의 죽으셨던 몸이 골고다의 무덤에서 부활하신 것은 기독교의 핵심적인 사건이며 네 복음 모두가 이 사실을 분명히 밝히고 있습니다(마 28:6, 막 16:6, 눅 24:6, 요 20:9,17). 마태복음에서 이 부활장은 갈보리 사건에 대해서뿐만 아니라 주님 생애의 모든 사실들에 대해서도 온전한 의미를 부여해 주고 있습니다. 신비로운 요한복음은 예수의 죽음과 마찬가지로 부활도 개인적인 방식으로 묘사하여 하나님과 인간이 나누었던 사랑을 강하게 드러내고 있습니다.

예술적으로 묘사되어 우리의 시선을 더 끌고 있는 누가복음은 부활에 대해서뿐 아니라 유일하게 예수의 승천에 대해서도 전해 주고 있습니다. 누가는 부활 현상(눅 24:1-49), 곧 그리스도와 제자들의 신비를 세 개의 그림으로 요약하고 승천에 대한 기사(눅 24:50-53)로 누가복음을 끝맺고 있는데 누가의 부활신학은 특히 베드로의 성령 강림 설교에서도 전개하고 있습니다(행 2:23-28, 시 16:8). 또 누가에게 부활신학의 중심은 예수께서 우리를 위해 '생명의 주'(ἀρχηγὸν τῆς ζωῆς)가 되셨다는 것에 두고 있습니다(행 3:15, 11:18).

안식 후 첫날 새벽에 예수님의 시체에 향품을 바르러 무덤에 간 여자들은 텅 빈 무덤을 보고 충격을 받았으나 주께서 3일만에 무덤에서 부활하셨다는 소식을 천사들에게서 듣고 사도들에게 알립니다. 사도들은 여인들의 말을 헛소리로 여기며 냉담하였지만 베드로는 무덤으로 달려가 놀라운 현장을 확인하고 옵니다(눅 24:1-12). 빈 무덤은 주의 말씀을 새로운 빛으로 보고했으며 주님이 자신의 부활을 예언하신 말씀(눅 9:22, 18:32-33)의 의미를 풀어 주는 열쇠가 되었습니다.

주께서 예루살렘의 서북쪽 11km에 위치한 욥바로 가는 길 도중에 있는 엠마오로 가는 두 제자를 만나신 사건을 마가는 간단히 언급(막 16:12-13)하고 있으나 누가는 아름다운 이야기로 상세하게 기록하고 있습니다(눅 24:13-35). 두 제자는 글로바와 이름이 밝혀지지 않은 또 한 사람이었습니다. 그들은 함께 걸어가고 계시는 주를 알아보지 못했을 뿐 아니라 부활신앙도 온전치 못했습니다. 그러나 주께서 그들에게 성경을 풀어 주실 때 마음이 뜨거워졌고 축사하시고 떡을 떼어 주실 때 눈이 밝아져 주를 알아보았으며 이 체험을 제자들에게 전하려고 예루살렘으로 돌아갑니다.

누가에게 부활은 예수께서 '그 자신'(ἐγώ εἰμι αὐτός)이 되셔서 온전히 그 자신을 사신다는 것을 뜻합니다. 그리고 그리스도인들에게도 부활은 온전히 우리 자신이 되어 자유로워지는 것을 의미합니다. 주님의 부활은 우리 마음을 억누르고 움츠러뜨리며 어둡게 하던 모든 돌들을 제거하고 우리 마음을 밝고 기쁘게 해 주십니다. 기쁜 마음은 부활의 넓음과 자유를 체험하게 합니다. 부활하신 주께서는 지상 명령(the Great Commission)을 주시면서 명하시기를 "너희는 가서 모든 민족을 제자로 삼아 아버지와 아들과 성령의 이름으로 세례를 베풀고 내가 너희에게 분부한 모든 것을 가르쳐 지키게 하라"(마 28:19-20)고 하셨습니다.

하늘과 땅을 연결하는 주 예수

랍비여 어디 계시오니이까(요 1:38)

세례 요한이 400년의 침묵을 깨고 "회개하라 하늘나라가 가까이 왔다"고 외쳤을 때 제사장들과 레위인들이 그가 그리스도가 아닐까 하는 의구심을 풀어보려고 "네가 누구냐"고 물었으나 세례 요한은 서슴없이 "나는 그리스도가 아니라"고 대답했습니다(마 3:2, 요 1:19-20). 또한 세례 요한은 자기의 소명이 유대인들이 의미하는 이스라엘의 정치적 회복을 위한 엘리야가 아니라(요 1:21), 메시아의 길을 예비하는 구속사적인 엘리야의 사역을 담당하는 것이라 했습니다(요 1:23, 사 40:3, 마 11:9-14, 말 4:5). 그리고 모세의 예언(신 18:15-18)을 알고 있었던 유대인들이 "그 선지자냐"라고 물었을 때 "아니라" 한 것은 그 선지자를 그리스도로 내다본 것이었기 때문입니다(요1:21).

세례 요한도 그리스도를 알지 못하였으나 성령이 비둘기 같이 내려와 머무는 그가 그리스도라는 계시를 믿고 기다리다가 드디어 그 표징을 보고 "보시오. 세상 죄를 지고 가시는 하나님의 어린 양이십니다."라고 외쳤습니다(요 1:29-36). 세례 요한의 두 제자는 이 외침을 듣고 주 예수를 따라 나섰습니다(요 1:37). 두 제자 중 하나는 안드레였고 익명의 제자는 요한복음을 집필한 요한 자신이었을 것으로 봅니다. 주께서 그들을 향해 돌아서서 "무엇을 구하느냐"고 물으셨는데 원문을 직역하면 "그대들은 구엇을 원하고 있느냐"라는 물음이었습니다(요 1:38).

제자들은 도리어 주께 "랍비여 어디 묵고 계십니까"라고 여쭈었습니다. 이 때 '랍비'는 '나의 존경하는 분'이라는 뜻의 아람어이며 그 후 BC 2세기 경부터 이 용어를 제자들이 '선생'을 부를 때만 사용했습니다. 주께서는 그 두 사람에게 "와 보라"고 말씀하시면서 자신의 거처를 공개했습니다. 주와 함께 거처하는 것, 곧 주의 곁에 머무는 것이 부르심의 핵심입니다. 두 인격 (성부와 예수, 예수와 인간들)의 일치된 관계를 상징하는 '묵다'라는 동사는 거룩한 성서 전반에 걸쳐 '하나님의 거처'에 대한 향수를 나타내고 있습니다 (요 1:18, 10:30, 14:3, 17:21, 계 21:3-4).

그리스도인이 하나님을 만나고 하나님의 사랑을 받는 것은 그리스도와 함께, 그리스도를 통해서입니다. 다시 말하면 그것은 그리스도인이 성령께 일치하여 성부와 성자를 맺어 주는 사랑의 회로 안으로 인도되도록 기다려야 가능합니다. 사도 바울도 "여러분이 그리스도와 함께 다시 살리심을 받았으면 위엣 것을 추구하십시오. 그리스도께서 거기에서 하나님의 오른편에 앉아 계십니다. 여러분은 지상의 것에 미련을 두지 말고 천상의 것에 마음을 두십시오 여러분의 참생명이 그리스도와 함께 하나님 안에 감취어 있기 때문입니다"라고 했습니다(골 3:1-3).

주를 '선생'으로 알고 따랐던 두 사람은 하룻 저녁 주님 곁에 지낸 후 주가 메시아이신 것을 발견했습니다(요 1:41). 주님의 제자가 된다는 것은 예수에 관한 이야기와 설명을 듣는 것만으로 충분치 않고 주와 함께 기거하면서 직접적인 신앙체험을 하는 것을 의미합니다. 요한은 첫 두 저자가 주와 함께 거한 때를 제10시(오늘날 오후 4시) 쯤이라고 했습니다(요 1:39). 이러한 언급은 부수적인 첨가문이 아니라고 봅니다. 요한에게 숫자는 항상 상징적인 의미가 있고 '10'은 '십계명'에서와 같이 온전하고 충만한 뜻을 지닌 완전

수이기 때문입니다.

성부 하나님께서 성자 하나님을 통해 당신의 장막을 우리 가운데 마련하셨고 제자들은 주 예수를 통해 하나님의 집에 살 수 있게 하셨습니다. 주 예수를 통해 하늘이 열리면, 말씀을 묵상하여 그 깊은 의미를 깨달은 제자들이 주 예수를 바라볼 때 주 안에서 하나님을 만날 수 있도록 초대 받게 됩니다. 주 예수께서는 야곱의 사닥다리(창 28:12)와 같이 하늘과 땅을 연결하는 분이며 제자들은 주를 통해 하나님의 천사들이 오르내리는 것을 고백하면서 옛날 야곱처럼 축복을 받습니다.

사도 바울은 "이제 내가 산 것이 아니요 오직 내 안에 그리스도께서 사신 것이라"(갈 2:20)고 했습니다. 아우구스티누스(Augustinus, 354-430)도 그의 『고백록』(Confessions)에서 15년이라는 긴 세월의 고통스러운 방랑을 끝내면서 "오 아름다움이시여. 너무나도 늦게 당신을 사랑했습니다. 당신은 제 안에 계셨습니다. 그런데 저는 밖에 있었으며, 밖에서 당신을 찾았습니다."라고 고백하고 있습니다.

주여 내 마음에 임하시옵소서

만일 누구든지 주를 사랑하지 아니하면 저주를 받을지어다
우리 주여 오시옵소서(고전 16:22)

사도 바울은 고린도전서 16장 22절에서 "만일 누구든지 주를 사랑하지 아니하면 저주를 받을지어다 우리 주여 오시옵소서"(μαράνάθα=Maranatha) 라 했습니다. 신약성서에서 '마라나다' 는 고린도전서 16장 22절에서만 발견되는데 이 단어는 '우리 주'(our Lord)를 뜻하는 마란(māran) 혹은 마라나(mārana)와 '오다'(come—동사)를 뜻하는 아타(at)의 합성어인 아람어(Aram word)에서 비롯되었다고 합니다. '마라나다' 의 사용은 헬라어와 아람어가 병용되었던 안디옥, 다메섹과 다소 교회 또는 부활하신 그리스도를 주로 고백했던 예루살렘 중심의 최초 교회로 소급하기도 합니다.

'마라나다' 라는 어구는 '우리 주가 오셨다'(Our Lord has come), '우리 주가 오신다'(Our Lord is coming!) 또는 '우리 주여, 오소서'(Our Lord, come!)로 번역될 수 있습니다. 대체로 초대교회의 교부들은 이 어구를 완료시제로 생각했으나 이 해석에는 현재시제까지도 포함되는 것으로 이해됩니다. 곧 '우리 주께서 오시어서 이제 여기 계신다' 고 할 경우 빌립보서 4장 5절(주께서 가까우시니라)도 '마라나다' 라는 어구와 관련이 있는 것으로 봅니다. 그러므로 고린도전서 16장 22절은 주의 재림이 임박하였다는 경고성 언급으로

회개를 촉구하고 있습니다.

또 '마라나다'라는 어구는 요한계시록 22장 20절에 적용시킬 경우 마지막 강림이란 의미에서 주의 재림을 간구하는 하나의 기도로 이해할 수 있습니다. 곧 "아멘 주 예수여 오시옵소서"라는 말들은 명령형이며 본래 아람어로 된 감탄 기도를 의역한 말임을 알 수 있습니다. 이외에도 압바(Aββa→ 아버지 Father, 막 14:36, 롬 8:15, 갈 4:6)라는 단어도 마찬가지로 주님의 모국어인 아람어에서 온 감탄기도라 할 수 있습니다. 그러나 요한복음 14장 18절은 부활하신 주께서 우리에게 오실 것이라는 언급이므로 예배와 찬송을 드릴 때도 '마라나다' 곧 '주여 내 마음에 임하시옵소서'라고 간구할 수 있다고 생각됩니다.

주께서는 하나님의 나라가 볼 수 있게 임하는 것이 아니요 여기 있다 저기 있다고 말할 수 없으며 우리 안에 있다(눅 17:20-21)고 하셨습니다. 성령께서는 진리의 영으로서, 우리의 눈을 열어 주시어 임재하시는 주님을 만나게 하시고 또 주 안에서 사랑하는 아버지 하나님의 영광을 누리게 하십니다(엡 1:15-23). 주께서 주님의 말씀을 지키는 자를 하나님 아버지께서도 사랑하시기 때문에 주와 같이 오셔서 저와 거처를 함께 하실 것이라 했습니다(요 14:23). 곧 지금 아버지 곁에 영광을 누리고 계신 주께서 성령을 통하여 우리 곁에 그리고 우리 안에 계신다는 묵상을 통해 절정에 이르게 됩니다.

공관복음서에서 발견되는 그리스도의 오심을 믿는 신앙은 다니엘서 7장 13절의 메시아 소망의 관점에서 형성된 것이라 할 수 있습니다. 이 인자는 구름을 타시고 오실 것입니다(마 6:10, 눅 11:2). 주께서는 초림 때와 같이 때가 차면 다시 오실 것인데, 그 시기는 하나님 아버지께서만 아시는 것으로 되어 있습니다(막 13:32, 마 24:36, 행 1:7).

우리가 비록 혼탁한 세상에 살고 있더라도 주께 속한 자들로서 신령한 말씀으로 온전해진 하나님의 자녀이기 때문에 우리는 모든 두려움과 고뇌 가운데서도 인자가 구름을 타고 능력과 큰 영광으로 오시는 것(눅 21:27)을 보게 될 것입니다. 또 그때 우리 모두가 "너는 내 사람들 중 지극히 작은 자를 위해 무엇을 했느냐?"라는 질문에 직면할 것입니다. 심판주로서 오시는 그리스도의 재림을 기다리면서 우리가 어떻게 살아야 하는가를 살펴보아야 합니다.

의의 병기로 거듭난 사람

너희도 길이 참고 마음을 굳건하게 하라
주의 강림이 가까우니라(약 5:8)

신약성경에서 주의 재림 사상은 가장 핵심적인 것 중의 하나입니다(롬 13:11, 요일 2:18). 대강절은 그리스도인의 구원과 온 세상의 심판을 기다리는 계절입니다. 우리는 그리스도인이 되기 전 죄와 사탄의 지배 하에 있었지만 지금 더 이상 그렇지 않습니다. 우리 그리스도인은 하늘나라 시민이 되었기 때문입니다. 주께서 재림하실 때 죄짓기 쉬운 욕망, 질병, 고난에 무방비한 상태에 놓여 있는 썩어질 몸이 그리스도의 초자연적이며 주권적인 능력을 힘입어 주께서 부활하실 때 입으신 '영광의 몸' 곧 썩지 아니할 신령한 몸으로 변화될 것입니다(빌 3:20-21).

이기주의자들은 내적 생활보다도 외적 생활에 치중하여 영적인 위엣 것을 찾지 않고 감각적이며 물질적인 것에 사로잡히는 경향이 있습니다. 이러한 성향의 사람들은 비록 머리가 좋아서 자기 욕망을 채우기 위한 능력과 재주가 있을지라도 결국 동물과 같은 낮은 곳에 머물게 됩니다. 이기적인 사람은 그 자신이 모든 것의 중심이 되려고 하지만 뜻대로 이루어지지 않을 때 낙담하고 자기 혐오증에 빠지기 쉽습니다. 이때 자신의 부족을 깨닫고 하나님과 내적인 대화를 더 많이 도모해야 됩니다.

영성생활은 하나님을 깊이 아는 데 있습니다. 그러나 우리에게 하나님을 가르쳐 주시는 이도 하나님 자신입니다. 사도 바울은 "사람 속에 있는 영이 아니고서야 아무도 하나님의 생각을 깨닫지 못합니다"(고전 2:11)라고 했습니다. 곧 하나님의 생각을 알려면 성령님과의 진지한 대화가 필요하다는 것입니다. 그러나 성령께서는 마음이 준비되지 않은 자에게 가르쳐 주시지 않으며 우리가 받아들일 수 있을 만큼만 가르쳐 주십니다.

거듭나기 전에 사람은 아담에게서 받은 옛 성품이 육신의 여러 기관을 '불의의 병기'로 사용하기 때문에 그 멍에를 풀지 못합니다. 그러나 거듭난 사람은 하나님께서 주신 거룩한 영적인 성품이 육신의 여러 기관을 '의의 병기'로 사용하기 때문에 옛 성품과 갈등을 갖게 됩니다(롬 6:13, 7:14-24). 그러나 승리는 주 예수 그리스도로 말미암아 온다고 사도 바울은 말하고 있습니다(롬 7:25). 우리가 믿음을 가질 때 옛 사람이 십자가 위에서 죽고 내면생활이 변하여 새사람이 되는 것은 성령의 역사입니다(골 3:5-11). 초자연적인 사랑으로 새사람이 되면 우리는 진실된 사랑을 실천하게 됩니다.

사도 바울이 "그리스도께서 너희를 사랑하신 것 같이 너희도 사랑 가운데 행하라"(엡 5:2)고 한 것은 첫째, 주님의 십자가 죽음이 단번에 드려진 구속 사건이라는 점이요 둘째, 성도들이 하나님을 위해 또는 동료들을 위해 자신이 희생적으로 봉사하는 삶을 살아야 한다는 것을 가르치는 점입니다. 곧 주님의 죽음이 십자가에서 향기로운 제사가 된 것처럼 성도들의 희생적인 삶도 하나님께 향기로 드려져야 한다는 것입니다(고후 2:14-16, 빌 4:18). 또 '거룩한 산 제사'는 제물이 죽어 있는 상태에서 드려지는 것이 아니요 제물이 살아 움직이면서 생애 전체를 하나님께 헌신하고 동료를 위해 봉사하는 것을 뜻합니다.

참다운 희생과 기도하는 마음으로 영성생활을 하는 사람은 기도와 신실한 내적 생활을 통하여 하나님의 자녀로 성장합니다. 외적 생활에 치중하는 육신적인 사람은 성장하면서 점차 부모로부터 홀로서지만 내적 생활을 중요시하는 영적인 사람은 처음에 강한 의지를 가지고 혼자서 행하는 것처럼 살다가도 점차 하나님을 의지하게 됩니다. 곧 '사람은 물과 성령으로 거듭나지 않으면 하나님 나라에 들어갈 수 없기' 때문입니다(요 3:1-8).

파스칼(Blaise Pascal, 1623-1662)은 그의 책 『팡세』(Penses)에서 "무릇 예수 그리스도 이외의 것에서 하나님을 찾고 자연에 머물러 있는 사람들은 만족할 수 있는 어떤 빛도 발견하지 못하든가 혹은 중보자 없이 하나님께 봉사하려고 하기 때문에 무신론 또는 이신론(理神論)에 빠지게 된다."고 했습니다. 또 "네가 만일 나를 발견하지 못하면 나를 찾을 마음이 없을 것"이라 했는데 그것은 하나님을 찾을 마음이 있다면 이미 하나님을 발견한 것이기 때문입니다.

주 안에서 새로운 피조물이 되라

주 예수 그리스도께서 강림하실 때에
흠 없게 보전되기를 원하노라(살전 5:23)

주께서는 상한 심령을 싸매시고 겸손하고 가난한 자를 부요케 하시려고 강림($\pi\alpha\rho o v\sigma i\alpha$=parousia, 파루시아)하십니다. '파루시아'는 신약성서에서 종말론(eschatology)의 발전과 밀접하게 관련되어 있습니다. 곧 파루시아 사상은 그리스도께서 강림하실 것에 대한 교회의 기대와 관련을 맺고 있습니다. 주님도 하나님 나라가 임박한 것으로 선포하셨으며 사람들도 파루시아를 장차 다가올 사건을 대비하면서 오늘을 살아가야 한다는 점에서 언제나 결정적인 영향을 미칠 것으로 말씀하셨습니다(마 24:32-39).

사도 바울은 데살로니가 교인들의 철저한 성화(聖化, sanctification)를 위해 이중적인 간구를 드리고 있습니다(살전 5:23). 곧 사도 바울은 먼저 하나님께서 그들을 온전히 거룩하게 하시기를 기도하고 또 그들의 온 영과 혼과 몸이 주께서 재림하실 때에 흠 없게 보전되기를 간구하고 있습니다. 성화는 거룩을 의미하는 라틴어(santus)에서 유래되었으며 신자 속에 있는 그리스도의 새 생명이 성령 충만할 때 성도의 거룩함과 선함이 점차 증대되는 신자의 구원 과정을 의미합니다. 곧 성화는 칭의(justification)와 같이 믿음으로 단번에 완성되는 것이 아니고 거룩한 생활, 곧 영성생활을 통하여 성숙되고 사후에 영화(榮化, glorification)를 통해 완성됩니다.

루터(Martin Luther, 1483-1546)는 믿음으로 의롭게 되며 의롭게 된 자는 영성생활을 통해 완전한 구원에 이르게 된다고 했습니다. 또 칼빈(John Calvin, 1509-1564)은 『기독교강요』 제3권에서 성화를 그리스도와의 연합된 결과라 했습니다. 성화는 회개(repentance)를 통해 외적인 행동뿐만 아니라 중생을 통해 영혼까지도 변화시키는 것을 뜻합니다. 또 칼빈은 그리스도인들이 주께서 죄와 사망을 극복하시고 성화의 길을 걸으신 것처럼 일평생 죄와의 투쟁을 계속해야 한다고 주장했습니다. 존 웨슬리(John Wesley, 1703-1791)도 "하늘에 계신 너희 아버지의 온전하심과 같이 너희도 온전하라"(마 5:48)는 소명에 의거 '순수한 사랑과 믿음'으로 이 세상에서 성화를 완성시킬 수 있다고 했습니다.

사도 바울이 인간을 영과 혼과 몸의 세 부분으로 구분한 것(살전 5:23)은 당시 삼분법에 젖어 있던 데살로니가 교인들의 이해를 돕기 위한 것이라 하는데 여하튼 성도들의 전인격(全人格)을 가리킨 것입니다. 영(πνεῦμα, 프뉴마, spirit)은 '공기의 힘 있는 움직임'을 뜻하는 어근인 '프뉴-'에 '마'가 첨가된 '공기의 내재적 힘'을 강조한 말이며 성령께 연결되어 인간의 통제 영역을 넘어선 보이지 않는 영적인 세계와 교통하는 부분입니다. 혼(ψυχή, 프쉬케, psych soul)은 지(知, intellect), 정(情, emotions), 의(意, will)의 기능을 수행하는 인간의 심리적(psychological) 부분이며 몸(body)을 통해 외부 물질세계에 작용하게 됩니다.

사람의 몸에 깃들어서 지성, 감성, 의지의 정신활동을 행하는 마음(mind)에 마귀가 세상의 풍속과 육체의 욕심을 이용하여(엡 2:1-3) 역사하면, 사람들의 마음을 혼미케 하여 주님의 복음이 비취지 못하고 어두운 과거에 사로잡히게 합니다(고후 4:4, 요 1:5). 그러나 주를 믿고 성령으로 거듭난 사람은 주의 십자가 공로로 세상의 정사와 권세에서 해방되고(갈 6:14) 육체의 욕심(갈

5:24, 롬 6:6-7)과, 어두운 과거에서 벗어난 주 안에서 새로운 피조물이 됩니다(고후 5:14, 17).

주께서는 씨앗으로 상징되는 복음이 마음에서 자라는 비유를 통해 다가오는 하나님 나라를 설명하고 있습니다(막 4:3-20). 사람이 말씀을 마음으로 듣지 않으면 길가에 뿌려진 씨앗과 같아 새들(사탄)이 쪼아 먹어 버리고, 쉽게 변하는 돌밭과 같은 마음에는 뿌리가 깊이 내리지 못하므로 잔잔한 바람에도 넘어지며 세상 걱정과 욕심으로 가득 찬 가시덤불과 같은 마음은 말씀을 질식시킵니다.

그러나 예수를 주로 받아들이고 하나님을 경외하는 사람의 마음은 좋은 땅과 같아서 뿌려진 씨앗의 삼십 배, 육십 배, 백 배의 풍성한 열매를 수확하게 될 것입니다. 영혼의 깊은 곳에 하나님의 빛을 받아들이는 사람은 풍성한 열매를 맺는 반면 하나님의 빛이 영혼에 미치지 못하는 사람은 생동감을 잃게 되어 하나님의 말씀에 둔감하게 됩니다. 주께서 복음의 씨앗을 뿌리신 것은 광야 같은 우리의 심령에 잃어버린 낙원을 복원하시려는 하나님의 사랑에서 비롯된 것이기 때문입니다.

6장 레마를 소유하라 성경과 말씀

심령을 변화시키는 레마의 말씀

주의 말씀은 내 발에 등이요 내 길에 빛이 니이다(시 119:105)

우리들이 만일 성경을 우리들의 안내자로 삼고자 한다면 말씀은 우리들의 발에 등불 역할을 하여 하늘나라의 집으로 우리를 인도해 주는 빛이 되어줄 것입니다.

오늘날 양자역학과 양자물리학 덕분에 우리들은 빛이 에너지의 한 형태임을 알게 되었습니다. 이 에너지는 육안으로 잡히지 않습니다. 햇빛이 프리즘을 통과하면 색의 띠가 되는 것은 프리즘이 빛을 착색시키기 때문이라고 합니다. 그러나 햇빛도 하나님의 빛에 비하면 그림자에 지나지 않습니다. 빛들의 아버지께서는 변함도 없으시고 회전하는 그림자도 없으시기 때문입니다(약 1:17).

성탄은 인간의 의식 속으로 깊이 스며드시는 하나님의 빛을 기념하는 축제입니다. 성탄의 빛은 하나님에 대한 인간의 관념 모두를 바꿔 놓은 폭발적 깨달음입니다. 성탄의 빛으로 우리의 유아적인 신앙이 성숙해집니다. 구유에 누인 아기 예수를 황홀하게 바라볼 수 있을 때 우리들의 내면세계는 아기 예수가 세상에 가져오신 새로운 깨달음을 향해 열리게 됩니다.

창세기 1장 3절부터 요한계시록 22장 5절까지 빛은 하나님의 임재를 상징하고 있습니다. 그 중에서도 사도 요한은 주님을 모든 사람을 비추는 참 빛이라 했고(요 1:9) 주 안에서 생겨난 것은 생명이었으니 그 생명, 곧 자연세계 전체를 만들어 낸 조에(ζωή)를 모든 사람의 빛이라 했습니다(요 1:4). 사도 바울은 주의 빛이 그를 둘러 비출 때 회심했으며(행 9:39), 그 빛을 세계에 두루 전했습니다(롬 2:19, 13:12, 고후 4:6, 6:14, 엡 5:8,13, 골 1:12, 살전 5:5, 딤전 6:16). 회심은 인간의 계획과 추진력을 주 안에서 완전히 포기하는 것이며 주님 복음의 충만함에 머무는 것입니다.

하나님께서는 말씀으로 이 세상을 창조하셨습니다. 곧 "하나님이 가라사대(아마르)"라고 하실 때 빛, 창공, 뭍(땅), 식물, 해와 달, 물고기와 새, 동물 및 인간을 창조했습니다(창 1:3, 6, 9, 11, 14, 20, 24, 26). 이것은 하나님께서 말씀을 통하여 만물을 창조하시되 창조 사역을 계획하시는 성부와 그 계획을 수행하시는 성자와 그리고 성자께서 수행하신 그 사역을 보존하시고 유지하시는 성령 곧 성 삼위일체 하나님께서 협력하여 이루신 것입니다.

말씀(λόγος, 로고스)이 육신(σάρξ, 사르크스)이 되어 오신 분이 예수 그리스도이십니다. 로고스는 레고오(λέγω, 말하다, 가라사대)에서 파생되었습니다. 또 신약성경에는 '로고스' 라는 말과 병행하여 '말하다, 지지하다' 라는 의미로 사용되는 동사(ρέω, 레오오)에서 파생된 레마(ρῆμα, 말씀)가 있습니다. 이 '레마' 곧 역동적인 말씀은 부딪히는 자의 '심령을 변화시켜 주는 역할'을 의미하는 데 사용되고 있습니다(히 4:12).

그러므로 '성령의 검' 인 '레마' 를 소유한 자는 어떤 무기를 가진 자보다 강하고 힘 있는 자가 될 것입니다. 이 검은 썩고 불의하며 권모술수가 판을 치는 이 세상에서 수술의 칼날로서 새 생명을 줄 것이기 때문입니다. 또 '레마' 를 받는 심령은 그 말씀과 하나되어 새롭게 거듭날 것입니다.

성서는 1,189장(章)으로 되어 있습니다. 곧 구약 성서는 929장, 1,331페이지이고 신약 성서는 260장, 423페이지입니다. 다음의 세 가지 목표를 세우고 성서를 읽도록 합시다.

첫째는 매일 구약 8장, 신약 2장씩을 읽어 성경 전체를 일년에 세 번 통독하는 것입니다. 이것은 성경을 계속적으로 읽음으로써 가능합니다(참조 필립 얀시의 『맥잡기 성경읽기』, 도서출판 진흥).

둘째는 매일 성경의 한 부분을 집중적으로 보면서 그 순서와 말씀 사이의 관련성을 살피고 그 안에 중요한 용어의 뜻을 찾아보고 관주를 보면서 요절을 찾아보는 것입니다.

셋째, 선정된 요절을 묵상(meditatio)하고 조그만 쪽지에 기록하여 여가가 생길 때마다 되새김질(ruminatio, 反芻)하면서 하나님께서 그 영적인 의미를 밝혀 주시고 자기 마음 속에 각인시켜 주실 것을 간구하는 것입니다.

갖고 있는 성경(로고스)을 그냥 두지 말고 계속 읽고 묵상하고 되새김질하면서 간구할 때 "주의 말씀은 내 발에 등이요 내 길에 빛이니이다"(시 119:105)라는 말씀(레마)이 형제자매 여러분의 둘레를 비추어 '반짝이는 것이 모두 금이 아니라' 는 것을 분별할 수 있게 할 것입니다.

볼 수 없는 것을 볼 수 있게 하시고

말씀이 육신이 되어 우리 가운데 거하시매(요 1:14)

"말씀이 육신이 되어 우리 가운데 거하시매 우리가 그의 영광을 보니 아버지의 독생자의 영광이요"(요 1:14) 이 구절은 복음의 핵심입니다. 왜냐하면 육신을 취하신 로고스께서 자기 자신을 성전 되게 하셔서 친히 하나님이 임재하시는 장막이 되셨기 때문입니다. '장막에 거한다' 는 뜻의 헬라어 '스케에노오오' (σκηνόω)는 하나님께서 사람들 가운데 거하신다는 의미를 지닌 히브리어 '샤칸' 과 같이 인간의 영혼이 머물다 가는 육체에 관련시킬 수 있습니다.

세상에서 하나님의 임재는 자유와 구원을 가져오고 뜻이 하늘에서 이룬 것 같이 이 땅에서도 이루어 지고 있습니다. 하나님께서 구원하기로 예정하신 각자 안에 육신을 취하시고 거하시면 거듭난 그리스도인은 주 안에서 하나님의 영광을 바라보게 됩니다. 이때 하나님의 영광을 바라보는 것은 육신의 눈이 아니라 주 안에서 하나님을 바라볼 때 밝아지는 신앙의 눈입니다.

양심은 영혼의 눈이며 우리가 아는 최고의 표준을 따르려는 내적 능력입니다. 그러므로 하나님을 향하고 있는 양심은 무엇을 해야 하겠는지를 항상 순종하며 결단하게 됩니다. 파스칼의 말처럼 이성이 도달할 수 있는 최고의 진리는 이성에 한계가 있다는 사실을 아는 것입니다. 주님의 인도로 하나님의 은혜와 진리가 충만하려면 열린 마음과 겸허한 경청이 필요합니다.

주께서 우리에게 신비를 체험하도록 우리를 인도하시며 눈 앞에 있는 일시적 실재를 초월하는 본질적 실재를 바라보도록 계시합니다. 곧 주께서 볼 수 없는 것을 볼 수 있는 것으로 드러나게 하십니다. 인류는 사물과 삶에 대한 일정한 관념을 형성해 놓고 그것 자체를 본질적인 실재로 고집합니다. 인류가 때때로 겪는 고통은 자기 자신이 그러한 관념에 강하게 속박되어 있다는 것을 인식하는 것입니다. 주께서는 스스로 진리이시기 때문에 인류가 '마음의 눈'을 뜨고 겉모습의 이면에 있는 실재를 바라봄으로써 사물의 참된 본질에 대하여 깨닫기를 바라십니다. 아우구스티누스는 상징적 묘사가 순수한 서술문보다 사람을 더 감동시킨다고 지적했습니다. 이러한 의미에서 요한복음은 사람의 내면을 감동시키고 움직이는 특성이 있습니다.

상징(symbol)은 '함께 넣다', '혼합하다'를 뜻하는 헬라어 '쉼발로오'(συμβάλλω)에서 유래되었습니다. 아우구스티누스는 "구약은 신약 속에 나타나고 신약은 구약 속에 숨겨져 있다."고 하였습니다. 요한은 복음의 개별적인 말씀에서 유대교의 역사적인 것과 기독교에 의해 표현된 정신적인 것을 함께 바라보는 재능이 있었습니다. 또 요한은 말씀이 육신이 되어 우리 가운데 거하셨던 주님을 영원한 지금(eternal now, here and now), 시간을 초월하여 신앙적 선물(present)로 누리게 합니다.

그리스도인은 주를 통해 하나님을 볼 수 있게 되었다는 생각으로 항상 복음을 읽어야 합니다. 야곱의 사다리는 우리가 복음을 읽는 방법을 상징적으로 가르쳐 주는 열쇠가 됩니다. 하늘과 땅을 연결시킨 주를 통하여 그리스도인은 옛 야곱처럼 가나안 성이었던 '루스'(Luz)가 '하나님의 집'(Bethel)이라 불리워지는 축복을 받습니다(창 28:10-19). 영적 전통에서 천사는 하나님을 바라보는 것을 상징하므로 인자 위에 천사가 오르내린 것은 하늘이 열리고 주님을 통해 하나님을 바라본 것이 됩니다(마 3:16-17).

　사도 바울은 집을 무너지는 집인 '땅 위에 장막'과 썩지 않고 무너짐이 없는 '하늘 위에 장막'으로 구분했습니다(고후 5:1-10). 주께서는 46년간의 시간을 힘들여 건축한 예루살렘 성전의 파괴를 예언하셨고(막 13:2). 시간과 공간의 제약을 초월한 집, 곧 사흘만에 완성하신 그리스도를 머리로 하는 교회를 계시해 주고 있습니다. 그러나 문제는 지금 이 집이 청지기들에 의해 훼손되어 가고 있는 것입니다.

　교회가 인간들이 모여 작당하는 집이 되면 은혜, 믿음과 사랑은 인간들의 참담한 학설과 이론과 다툼으로 희생되어 버립니다. 기독교는 원래 그 자체가 학설이나 이론이 아니라 생명 그것이기 때문에 하나의 생명이 떨어져 썩을 때에만 거기서 새로운 생명이 싹트게 됩니다(요 12:24). 피와 눈물이 없는 제단 위에 하나님의 응답이 있을 수 없습니다.

심령을 쪼개는 살아 있는 말씀

살리는 것은 영이니 육은 무익하니라
내가 너희에게 이른 말은 영이요 생명이라(요 6:63)

주께서 승천하신 후에 성령께서 이 땅에 임하셨습니다(요 1:8, 행 1:8-9). 하나님께서 이 세상에 부어주신 거룩하신 영은 모든 믿는 이들에게 구원, 곧 생명이 되십니다. 성령을 받지 않은 사람은 예수님의 인격과 역사(役事)를 온전히 이해할 수 없습니다(요 3:6, 고전 2:14). 성령께서는 시간을 초월하셔서 성경에서 그리스도의 사역을 현재화하시고 구체화하시기 때문입니다. 주님의 말씀은 개인 안에서 역사하시는 성령님의 힘을 입어 영적인 생명을 제공하는 것이 되어야 합니다.

주께서 육체를 입으시고 계실 때 함께 있었던 사람들의 복도 주님의 생각과 말씀과 행동이지 예수님의 외적인 외모가 결코 아닙니다. 주님의 생각과 말씀과 행동이 복되게 하려면 성령님에 의해서 우리 마음에 각인되어야 합니다. 우리의 영혼을 복되게 하는 것은 종교적이고 외적인 치장이 아니기 때문입니다. 성경 말씀의 초자연적인 간섭을 통하여 이해되고 우리 삶속에 적용되어 나타나지 않으면 우리들에게 어떠한 유익도 되지 못합니다.

오늘날 우리나라의 TV 강단을 보면 성령님의 조명 없이 성경적 사실만을 나열하는가 하면 성도의 심리적 욕구충족에만 열중하여 지나치게 세속화되어-성도들이 코미디를 감상하듯-웃기는 데 열중하는 경향이 있습니다. 하나님의 메시지를 전하기 보다 설교자 자신의 견해나 의도를 표현하는 설교를 성도의 삶을 변화시키지 못합니다. 설교란 본질적으로 교훈적인 것 이상의 것이 되어야 하기 때문입니다.

설교는 성도의 영혼을 하나님께로 접근시키는 방법일 뿐만 아니라 성도의 영혼 깊숙이 파고들어, 하나님이 소망하는 사람으로 변화시키고 사람의 심령을 감화시키는 역할(information-transformation-reformation)을 감당하여야 합니다.

설교가 단순히 성도들의 귀와 눈을 즐겁게 하는 코미디로 전락해서는 안 됩니다. 물론 성도들은 하나님의 말씀을 선포하는 설교자와 호흡을 맞추어야 하고 같이 하나님을 만나는 깊은 교제가 이루어져야 하며 예배 후에 성도들의 대화도 말씀의 은혜를 나누는 것이 되어야 합니다.

설교를 뜻하는 영어의 'sermon'은 라틴어의 'sermo' 곧 '이야기' 또는 '대화'라는 의미의 말에서 유래되었습니다. 헬라어 신약성경에서는 유앙겔리조마이(εναγγελίζομαι), 곧 '좋은 소식(복음)을 전한다'는 의미의 단어이며 신약성서에서 53회나 나옵니다. 예를 들면 사도 바울이 비시디아 안디옥 회당에서와 아테네 장터에서 복음을 전파할 때 이 단어를 썼고 빌립이 이디오피아 여왕 간다게의 국고를 맡은 내시에게 복음을 전할 때도 이 단어를 사용하고 있습니다(행 13:32, 17:18, 8:35).

설교자의 경건한 태도에 대하여 사도 바울은 '주 안에서'라는 표현을 즐겨 썼는데 리차드 백스터(Richard Baxter)는 *The Reformed Pastor*(번역본 『참목자상』)에서 다음과 같이 말하고 있습니다.

"은혜의 자리에 있는 것으로 네 자신을 만족하게 여기지 말라. 더 중한 것은 네 은혜가 실제 생활 속에서 강력하게 그리고 생동감 있게 작동하고 있는가 살피는 것이다. 그리고 설교하기 위하여 연구한 설교를 다른 사람에게 전달하기 전에 먼저 네 자신에게 설교하라… 너의 마음이 거룩하고 하늘의 영광으로 둘러싸여 있을 때 너의 양들은 그 열매를 따게 될 것이다." 아멘.

성경을 잘 이해할 수 있도록 성도를 돕는 최선의 길은 살아 있고 운동력이 있어 인간의 심령을 찔러 쪼개기까지 하는 하나님의 살아 있는 말씀의 능력을 설교자가 명쾌하게 증거하는 것입니다. 또 말씀을 전하는 자나 듣는 자에게 하나님의 말씀은 성령의 능력(뒤나미스, $\delta\acute{v}\nu\alpha\mu\iota s$)으로 소망이 넘치게 하고(롬 5:13), 역동적인 교회(dynamic church)가 되게 할 것입니다.

설교는 사도 바울이 디모데에게 말한 것과 같이 살아 있는 말씀으로 교훈과 책망과 바르게 함과 가르치기에 유익한 설교라야 합니다(딤후 4:2). 만일 교회에 불신자가 오면 그를 강력히 붙들 수 있는 생명력 있는 설교로 하나님께 영광을 돌려야 합니다. 설교자 자신만 영광을 취하는 수사학적인 설교가 아니라 오직 성령께서 그들의 목소리를 통하여 참으로 생기가 넘치는 설교가 되어야 합니다.

마음에 기록해 둘 새 언약

'구약의 성전'은 대체로 '예루살렘 성전'을 가리켰으며(삼상 1:9, 3:3, 삼하 22:7), 거의 같은 자리에서 세 번(솔로몬, 스룹바벨, 헤롯의 성전) 지어졌습니다(왕상 6, 7, 겔 40-48, 말 3:1-4, 요 2:19-22). 이 성전은 다른 나라의 신전과 달리, 그 안에 우상이 없고 오직 율법과 여호와의 계심을 상징하는 두 돌비를 담고 있는 법궤가 지성소에 놓여 있었습니다(왕상 6:19).

아름다운 성전은 '온 땅의 즐거움'이었고 약 1,000여 년간 유대 시인과 순례자들의 찬양 대상이 되었습니다(시 48, 87, 46, 76, 84, 122편 등). 성전은 해발 약 750미터 되는 등성이에 굉장히 큰 화강암으로 쌓은 성벽인데, 성전터보다 60미터나 더 높은 감람산을 넘어오는 아침 해를 정면으로 바라보고 있습니다.

신약성경은 기독교 공동체를 '하나님의 새 성전'(고전 3:16-17, 고후 6:16-17, 엡 2:21)으로, 그리스도인의 몸을 '성령의 전'(고전 6:19)으로 묘사하고 있습니다. 주께서 성전의 파괴에 관해 말씀하신 것(요 2:19-22)은 성전을 깨끗케 하신 일시적 의식(儀式) 개혁 이상의 것으로 해석됩니다.

구약성서는 세 부분, 곧 창세기로부터 시작되는 다섯 권의 책(五經: 토라),

이사야와 같은 대 예언서와 아모스 등 열두 소선지서를 포함하는 예언서(느비임)와 나머지 부분(성문서: 케트빔)으로 나누어져 있습니다. 이때 오경 곧 창세기, 출애굽기, 레위기, 민수기와 신명기를 율법서라 부르기도 합니다.

영어로 오경을 펜타튜크(pentateuch)라 하는데 헬라어에서 다섯(펜타)과 튜크(책)의 합성어입니다. '토라'는 구약에 대략 221회 사용되고 있으며 율법(Law) 외에 때로는 가르침(teaching), 교훈(instruction)과 결정(decision)으로 번역되고 있습니다. 또 소위 율법 규정이라 할 수 있는 것은 출애굽기 20장에서 레위기 전체를 포함한 신명기 10장까지와 신명기 12장에서 26장 부분에 집중되어 있습니다.

이스라엘의 계속되는 불순종 때문에 선지자들은 하나님의 율법이 예루살렘에서 또 다시 직접 나올 때를 소망했습니다(사 2:3). 진리에 따라 심판을 행하고 새로운 가르침을 행하는 것은 고난 당하는 종이 수행해야 할 일이고(사 42:3), 모세의 율법을 능가하는 것입니다.

예레미야는 마음에 율법을 기록해 둘 새 언약을 세울 것을 알았습니다(렘 31:33). 하나님께 순종하는 것은 인간의 내적인 삶에서 비롯되기 때문입니다. 이때 하나님과 인간의 풍성한 친교의 열매를 맺는 생활로 이끄는 율법의 참 목적이 실현될 것입니다.

주께서 베드로, 야고보와 요한을 데리고 산에 오르셨을 때 영광 중에 나타난 변형은 주님 일생에 생긴 신비로운, 자연을 초월한 사건이요 경험이었습니다(마 17:1-13, 막 9:2-13, 눅 9:28-36, 벧후 1:16-18). 그때 율법서 곧 '토라'의 대표자인 모세와, 예언서 곧 '느비임'의 대표자인 엘리야와 말씀하신 것은 구약의 두 대표자와 대화하신 것입니다.

주님의 사역에 대한 헌신은 외형적이고 형식적인 성격의 것이 아니고, '심중에' 깃들어 있었던 진심 어린 거룩한 동기에서 행해졌습니다. 그리스도인들은 하나님의 율법을 성경 속에 보관만 하는 것이 아니라 자기 심중에 담아두고 그 내용을 올바로 묵상하며 준수해야 합니다. 이때 '심중에'(베토크 메아)는 가장 깊은 영적 좌소(坐所)인 '내장 혹은 창자 속'을 언급한 것입니다(시 37:31, 렘 31:33).

그리스도인들이 천국에 닿으면 우리를 성화시키는 작업이나 고난이 없을 것입니다. 마치 솔로몬 성전의 모든 재료들이 정확히 제자리에 들어맞도록 사전에 완전히 준비되어 반입되었던 것과 같이 우리는 이 땅에서 주의 성전에 맞도록 다듬어져야 하기 때문입니다.

성령의 검인 '레마'를 소유하라

모든 성경은 … 하나님의 사람으로 온전하게 하며
모든 선한 일을 행할 능력을 갖추게 하려 함이라(딤후 3:16-17)

 기도하는 마음으로 성서를 봉독하는 '거룩한 독서'(Lectic Divina)는 우리의 영성생활과 우리 공동체의 교육에 큰 도움이 됩니다. '렉시오 디비나'(Lectio Divina)라는 단어는 '렉시오 사크라'(Lectio Sacra)와 함께 이미 4-5세기부터 교부들의 문헌에서 널리 발견되는 표현이며 우리말로 '거룩한 독서'라고 표기하는 것이 일반적입니다.

 말씀은 믿음을 성장시키고 역사 안에서 사람들과 함께 하면서 그리스도인들에게 생명을 불어넣어 주고 스스로의 삶을 살펴보게 하는 역할을 감당합니다. 따라서 그리스도인들은 말씀을 혼자든 모임에서든 부지런히 읽고 묵상하여야 합니다. 목회자는 회중으로 하여금 성서 본문을 스스로 해독해 볼 수 있도록 적어도 한 주 전에 알려주면 그 말씀을 현재 상황에 직접 적용하는 법을 배우게 될 것입니다. 성서를 듣는다는 것은 곧 그리스도의 말씀을 듣는 것이기 때문에 충분한 준비를 할 필요가 있습니다.

 말씀 이해를 돕기 위해 쏟아져 나온 다양한 서적들은 설교자와 회중이 성서 앞에서 수동적인 태도를 취하게 하고 개인적인 준비를 태만케 하여 역설적이지만 성서와 직접적인 접촉 기회를 빼앗을 위험이 있습니다. 또한 깊이 있는 통찰과정과 본문으로 기도하는 일을 생략한 설교가 선포되는 일도 있을 수 있습니다. 박식한 주석가나 신학자들에게서 급히 빌려온 내용의 설교는 다양한 그리스도인들에게 활력 있는 말씀과 양식이 될 수 없습니다. 또 하나님의 말씀이 회중의 심금을 울리지 못하면 역동적인 교회로 성장하기 어렵습니다.

교인들 사이에 퍼져 있는 무관심은 성서를 전체적으로 읽지 않고 취사선택한 부분만 다루며 다른 부분은 무시하는 데서 옵니다. 이와 같이 설교자의 생각과 신학적 사고에 따라 성서에 중요한 부분과 부수적인 부분이 있다고 믿는 데서 이단들이 생겨날 수 있습니다. 성서에서 필요하거나 중요한 대목만을 가려 뽑는 발췌(拔萃)식 독서는 말씀을 어떤 목적에 이용하기 위한 수단이 되도록 이끕니다. 특히 복음서 중 윤리적 본문에서 발췌한 성구를 이용하여 신랄한 선동구호로 이용하면 얼핏 듣기에는 그럴 듯 하지만 성경의 전체적인 독서를 저해하여 말씀을 임의로 해석케 하는 풍조를 조성할 수 있습니다.

구약성서에서 히브리어로 말씀을 나타내는 '다바르'는 명사로 1,440회, 동사로 1,125회 나오는데 이 단어의 어원은 사물의 기초를 이루는 핵심적 실체를 뜻합니다. 하나님께서 창조하신 사물에 이름을 붙이시는 것(창 1:5, 8)은 그것을 지배하고 그 위에 능력을 펴서 그들의 고유한 소명을 감당하도록 이끄신다는 뜻입니다. 말씀은 효력 없이 되돌아가는 법이 없기 때문입니다(사 55:10-11, 창 1:1-31). 말씀은 생명을 품고 있는 씨앗과 같아서 개인의 삶은 물론 인류 역사에서도 싹이 트고 여물어 확산됩니다(눅 8:4-8, 신 32:47). 또 말씀은 받아들이는 이들을 양육하는 일용할 양식도 됩니다.

히브리어에서 말씀을 나타내는 '다바르'는 70인역성경에서 '말하는 내용'과 '형태'라는 부대적 의미를 담고 있는 두 개의 단어, 곧 헬라어에서 '로고스'(λóγos)와 '레마'(ῥῆμα)로 번역되고 있습니다. '로고스'는 헬라 철학에서 교훈적인 담화, 가르침, 관계, 평가, 의미와 진리의 뜻으로 사용되었습니다. '레마'는 역동적인 말씀으로서 부딪히는 사람의 심령을 변화시켜 주는 역할을 의미합니다. 따라서 '성령의 검'인 '레마'를 소유한 자는 수술을 통해 부패와 음모가 판을 치는 곳에 새생명을 주고 '레마'를 받는 심령이 새로운 모습으로 거듭나게 합니다.

자기중심적인 영성 추구는 자신 또는 동조자에 한정된 거인주의로 똬리를 틀게 하고 공동체적인 감각을 손상케 합니다. 또 어떤 대가를 지급하더라도 혁신을 추구하는 취향을 강조하면 전통의 생명력을 잃게 하면서까지 시대의 유형을 우상화하는 경향에 편승할 수 있습니다. 말씀은 기쁨으로 수확할 수 있기를 꿈꾸며 눈물 속에 뿌려진 씨앗과도 같습니다(시 126:5-6). 말씀을 열심히 읽고 깊이 묵상하는 자만이 이 시대에 선구자적인 일꾼을 양성할 수 있습니다.

크로노스와 카이로스를 구별하라

오늘 네가 나와 함께 낙원에 있으리라(눅 23:43)

신약성서의 4분의 1 이상을 기록한 누가는 분명히 이방인이었고 아마 헬라인이었을지도 모릅니다. 그는 누가복음에 주 예수와 관련된 사건들에 대해 쓰고, 사도행전에서 초대교회의 역사에 대해 기록하고 있습니다. 누가는 사도 바울의 동역자이며 의사였습니다. 바울은 누가를 '사랑을 받는 의원'(골 4:14)이라 했습니다. 바울과 누가는 멜리데 섬에서 함께 일했는데(행 28:1-10), 바울은 병 고치는 기적을 행하고 누가도 자신의 의술을 베풀었다는 의미가 이 곳의 말씀에 담겨져 있습니다. 누가는 마태나 마가보다 질병을 더 자세하게 표현하고 있는 것을 눈여겨볼만 합니다(눅 4:48 등).

누가는 사건들을 하나의 그림처럼 묘사하는 뛰어난 기술을 터득한 축복받은 작가입니다. 누가는 주 예수의 몸짓과 시선을 그림 그리듯이 글로 표현하여 주님과 만나는 느낌을 갖게 합니다. 주께서 엠마오로 가는 제자들과 만나는 환상적인 이야기(눅 24:13-35), 탕자의 귀향(눅 15:11-32)과 선한 사마리아인의 이야기(눅 10:25-37) 등은 사랑의 귀중함과 아름다움에 젖게 합니다. 누가는 구약성서를 헬라어로 번역한 70인역성경(SEPTUAGINTA)에서 '일어난 사건'을 표현할 때 잘 사용하는 어구인 '카이 에게네토'(*kai* έγένετο, '그리고 …가 일어났다'는 뜻)를 누가복음과 사도행전에서 특히 많이 사용하고 있는 것(눅 1:23, 41, 59, 65 등)은 그가 70인역의 열성적인 독자였기 때문이라고 추정되고 있습니다.

누가는 그의 잘 다듬어진 헬라어 실력을 토대로 하여 생각할 때 수사학과 헬라 철학을 잘 익혔다는 것을 추측할 수 있습니다. 또 누가는 가난한 자들과 버림 받은 자들에 대한 주 예수의 연민을 잘 나타내 보여주고, 여성들과 어린이들의 처지를 이해하고 있었다는 점에서 볼 때 박애주의자이며 인정 있고 호감을 주는 인물이었다고 생각합니다. 따라서 누가는 세련된 지성과 역사적인 연구 방법, 그리고 자료 수집과 판별에 의사의 주의력을 기울여 주 예수의 생애를 진지하게 탐구할 수 있었다고 봅니다(눅 13:1 이하, 21:20 이하 참조).

신약성서에서 시간을 이해하려면 우선 두 개의 개념을 구별할 필요가 있습니다. 크로노스(χρόνος)는 시간의 길이 또는 간격을 뜻하는데 반하여 카이로스(καιρός)는 특별한 일, 사건이나 결정이 이루어지는 시점이며 하나님이 오로지 한 번, 되풀이 할 수 없는 방법으로 세상과의 만남과 구원을 위한 그리스도의 때를 말합니다. 시점을 나타내는 어군의 용어에는 카이로스 외에 '지금'(νῦν, now)과 '오늘'(세메론, σήμερον) 등을 들 수 있는데 세메론(today)은 영광의 날이 되든가 아니면 목숨을 잃는 날이 될 때를 나타내는 데 사용됩니다.

'오늘'(세메론)은 신약성서에서 40회를 사용하고 있는데 그중 11회가 누가복음에 등장합니다. 천사는 베들레헴 마을 밖의 근처 들판에서 양떼를 지키고 있던 비천한 목자들에게 "오늘 다윗의 동네에 너희를 위하여 구주가 나셨으니 곧 그리스도 주시니라"(눅 2:11)라고 선포했고 그 후 주님이 나사렛 회당에서 이사야 61장 1-2절을 읽으시고 공생애를 시작하실 때 "이 글이 오늘 너희 귀에 응하였느니라"(눅 4:21)라고 했습니다. 주께서는 주를 영접한 이들의 삶 속에서 자라시며 주님에 대한 각자의 열정에 따라 모든 이들을 심판하실 것입니다.

세리들은 로마를 위해 일하면서 동족인 유대인들을 착취하여 부를 축적하고 있어 외면 당하는 사람들이었습니다. 주께서 여리고의 세리장인 삭개오의 집에 유하러 들어갔을 때 구원에 이른 삭개오의 감동적인 모범을 보시고 '오늘' 구원이 이 집에 이르렀다고 하셨습니다(눅 19:1-10). 주와 함께 십자가에 못 박혀 있던 두 죄수 중 한 명이 영적인 실체에 눈을 뜨고 주께 용서를 구했을 때 주께서는 참혹한 고통 중에서도 이 죄수에게 "오늘 네가 나와 함께 낙원에 있으리라"(눅 23:43)고 하시면서 자비를 베푸셨습니다. 사망은 야곱의 사다리에 지나지 않고 '오늘'은 바로 낙원에 오를 기회라는 것을 잊어서는 안 됩니다.

교회력에 의해 각 절기를 '기념' 하는 것은 과거의 되어진 일을 현재화하여 주님의 뜻을 붙잡게 하고, 관련된 말씀을 '기억' 하는 것은 일어난 일을 마음에 각인하여 주님의 임재를 체험케 하는 데 중요한 의미가 있습니다. 이러한 방식으로 주 예수 그리스도를 통한 구원을 받아 누려야 합니다. 히포의 아우구스티누스(Augustinus, 354-430)는 그의 유명한 『고백록』(Confessionum)에서 시간에 관하여 "모든 과거와 미래란 항상 현재이신 그분한테서 만들어져 흐르는 것"이라 했습니다.

그리스도의 말씀에서 나는 믿음

믿음은 들음에서 나며
들음은 그리스도의 말씀으로 말미암았느니라(롬 10:17)

칼빈(Jean Calvin, 1509-1564)은 성서를 가장 잘 안 사람 중의 하나라고 생각합니다. 그의 저서 『기독교강요』(Institutio Christianae Religionis, 1559)는 모두 4권으로 되어 있는데 칼빈은 이 책을 성서를 읽는 길잡이로 썼다고 했습니다. 이 책에서 '하나님의 음성'이란 말은 자주 나오는 말입니다. 성서를 읽는 사람이 하나님의 말씀을 '하나님의 음성'과 같이 듣지 아니하면 그것을 들어도 들은 것을 순종하지 못하게 됩니다. 하나님의 말씀은 성서를 통해 우리의 심령에 살아서 들어오지 못하기 때문입니다.

사도 바울은 "듣지도 못한 이를 어찌 믿으리요 전파하는 자가 없이 어찌 들으리요 … 아름답도다 좋은 소식을 전하는 자들의 발이여"(롬 10:14-15)라고 했습니다. 그것은 성서 말씀을 '하나님의 음성'으로서 들려주는 것이 설교요 선교이기 때문입니다. 설교는 성서의 내용을 '하나님의 음성'으로 전하는 것이기 때문에 하나님의 말씀을 대언(代言)하는 것이라 할 수 있습니다. 그러므로 설교에 인간의 감상이나 사상, 특히 자화자찬(自畵自讚)을 포함시키는 것은 곤란한 일입니다. 설교는 성령의 도움을 믿고 성서 말씀을 '하나님의 음성'으로 전하지 않는 한 소임을 바르게 다 했다고 할 수 없습니다.

바울시대의 성서는 구약성서뿐이고 신약성서는 아직 완성되지 못했습니다. 바울은 성서를 매우 사랑했기 때문에 언제나 성서로 증거하려고 했습니다. 로마서 9, 10, 11장은 유대인의 구원문제를 논하고 있는데 곧 유대인이 중요시 했던 성서로 증명하려고 했습니다. "우리가 전한 것을 누가 믿었느냐"(사 53:1)라는 말씀은 주께서 죄인의 모습으로 상함을 받는다는 '십자가의 비밀'을 예언한 '하나님의 종의 노래'를 시작한 구절이고 유대인들도 읽고 잘 알고 있는 말씀이므로 로마서 10장 16절은 그들을 심하게 비판한 말씀입니다.

로마서 10장 17절에서 바울은 "그러므로 믿음은 들음(아코에에, ἀκοή)에서 나며 들음은 그리스도의 말씀(레마, ῥῆμα)으로 말미암았느니라"라고 했습니다. 곧 16절에서 17절로 옮기면서 "그러므로"를 기록한 것은 이스라엘도 이사야 53장을 읽었다면 '믿음이 그리스도의 말씀을 들음에서 온다'는 결론을 쉽게 얻을 수 있기 때문입니다. 헬라어에서 '아코에에'라는 명사는 '듣다'라는 동사 '아쿠오오'(ἀκούω)에서 유래된 말씀입니다.

바울이 로마서 10장 18절에서 인용한 "그 소리가 온 땅에 퍼졌고 그 말씀이 땅 끝까지 이르렀도다"라는 말씀은 시편 19편 4절에서 옮겨온 것입니다. 그것은 온 땅에 퍼져 있는 하나님의 음성을 듣지 못했다는 사람은 듣고자 하지 않은 까닭이지 하나님의 책임은 아니라는 것입니다. 또 바울이 로마서 10장 19절에서 인용한 신명기 32장 21절은 신앙을 이해하지 못하던 이방인까지도 은혜를 알게 되었으므로, 이해하지 못한 이스라엘이 선민으로서 부끄럽고 분하게 생각해야 마땅하다는 것을 뜻합니다.

또 바울은 로마서 10장 20절에서 하나님의 백성이 아닌 이방인에게 자신을 나타내시고 믿게 하셨다는 이사야의 대담한 발언(사 65:1)을 인용하고 곧 "내가 종일 손을 펴서 자기 생각을 따라 옳지 않은 길을 걸어가는 패역한 백성들을 불렀나니"(사 65:2)라는 말씀을 로마서 10장 21절에 인용함으로서 하나님의 백성이든 그렇지 아니한 자든 아직 구원의 기회가 있다고 했습니다. 요컨대 믿는 일에는 말씀을 듣고(아쿠오오, ἀκούω), 순종하며(에이사쿠오오, εἰσακούω) 전파한다는 세 가지 요건이 중요합니다. 곧 '아쿠오오'에 '에이스'(εἰς, 안으로)를 붙인 '에이사쿠오오'는 '순종하다'를 뜻하는데 수동형일 때 '들리다'(to be heard)를 의미하기 때문입니다.

우리는 서로 순종하면서 공동체의 삶을 살고 있습니다. 순종이라는 말은 라틴어로 'obedire'(오베디레)인데 어원적으로 'ob-audire'(오보 아우디레), 곧 '듣는다'(to listen)에서 온 것입니다. 그러므로 진정한 순종은 하나님의 말씀에 귀를 기울일 때 시작됩니다. 히브리어로 '샤마'도 '듣다'라는 기본적인 의미 외에 '경청하다', '순종하다', '기도에 응답하다'라는 뜻이 있습니다. 하나님께는 경청과 순종이라는 지름길이 있기 때문입니다. 하나님은 아이들에게 팔을 벌려 어서 오라고 권하는 부모처럼 자신의 백성들에게 계속 팔을 뻗어 돌아올 것을 간청하고 계십니다.

7장 겸손한 멍에 나눔과 사랑

섬기고 나누는 교회 공동체

선을 행하고 선한 사업을 많이 하고 나누어 주기를 좋아하며
너그러운 자가 되게 하라(딤전 6:18)

세계 최대의 국제회의인 다보스 포럼의 2005년 핵심논제는 '나눔' 이었습니다. 이 포럼을 주최한 세계경제포럼(WEF)의 회장은 "올해를 뒤쳐진 사회 구성원을 함께 이끌고 가는 세상을 만드는 계기로 삼자"고 했습니다. 또 실업자들의 재취업과 교육비용을 정부가 부담하고 경제 성장의 그늘에서 허덕이는 어린이와 임산부를 돕는 문제를 논의하였습니다.

남한에도 빈부의 격차가 심화되고 노동간의 생활 수준의 차이가 증대되어 노숙자, 결손가정, 결식아동 및 독거노인들에게 나눔이 절실히 필요하게 되었습니다.

이제 한국은 세계적으로 국민총생산규모에서 12-15위, 교역규모에서 12-13위를 차지하는 나라가 되었습니다. 우리나라도 이제는 '요람에서 무덤까지' 또 '모태에서 천국까지' 모든 국민이 행복하게 살 수 있도록 사회복지제도가 이루어져야 합니다. 그리고 북한동포는 물론이고 어려운 나라를 도울 수 있어야 합니다.

이스라엘 요단강의 주류는 갈릴리 바다에서 시작하여 사해로 흐르고 있습니다. 갈릴리 바다의 물은 헤르몬 산에서 흘러들어와서 요단강으로 흘러

나가므로 수많은 생물이 깃들어 살며 '살아 있는 바다'라 합니다. 그러나 사해에는 물이 밖에서 들어와 증발할 뿐 나가는 것이 없어 생물이 살지 못하는 '죽은 바다'가 되었습니다. 사람도 받기만 하고 나눔이 없으면 '영적으로 죽어 있는 사람'이고 이러한 점에서 교회도 같습니다. 나눔이 있는 '영적으로 살아 있는 사람과 교회'가 되어야 합니다.

디오게네스는 "사람은 물욕에 집착할수록 더 약해지고 스스로를 결박한다. 언제든지 죽을 준비가 되어 있는 사람만이 참된 자유인"이라고 했습니다. 탈무드도 사람이 태어날 때는 온갖 것을 움켜쥐려고 주먹을 쥐고 나오지만 죽을 때는 모든 것을 놓고 가려고 주먹을 펴고 죽는다고 했습니다. 인간의 부는 모두 하나님께서 주신 것이며 사람은 다만 그것을 잠시 맡아서 관리하는 청지기에 지나지 않습니다.

자선은 살아 있는 사람에게 자유로운 삶의 공간을 마련해 주고 상처와 고난이 있는 곳, 곧 아픔과 두려움, 혼란과 고뇌가 있는 곳에 함께하는 것(compassion: 라틴어의 함께 cum과 고통 받다 pati에서 옴)입니다. 또 자선은 내세우지 말고 조용히 베풀어야 하며 하나님의 사랑을 주의 은혜로 옷 입혀 전함으로서 하나님께 영광을 돌리는 것이어야 합니다. 자선을 자신의 출세를 위한 도구로 삼을 때, 그것은 계속될 수 없고 하나님께 헌신하고 순종하는 삶 또한 되지 못합니다. 우리가 세상에 존재하는 것 자체가 하나님의 긍휼을 덧입은 것입니다.

타고르는 "물질을 사랑하면서도 물질에 얽매이지 않고 그 물질에 아름다움을 입히는 것은 위대한 섬김이다. 모든 만물에 사랑의 옷을 입힐 수 있는 마음을 가지라"고 하였습니다. 하나님의 지상 대리인인 사람은 하나님의 긍휼하심을 모든 만물에 나타내야 합니다. 맡기진 자연을 파괴하거나 오염시켜 찌들게 해서는 안 됩니다.

오늘날 한국교회는 세속화되어 부흥과 성장의 한계에 이르렀다고 걱정하는 목소리가 높습니다. 교회는 섬기고 나누는 공동체로서 채우고 몸집을 불리기보다 나누고 보듬는 데 익숙해야 합니다. 교회는 주님의 사역에서 원형을 찾고 오직 사랑으로 유무상통하였던 초대교회의 아름다움으로 돌아가야 합니다.

재물을 가난한 이들과 농촌교회에 나누는 것이 천국에 보물을 쌓는 것입니다(마 6:20-21). 고난을 겪고 있는 사람을 돌보는 것은 믿는 이들이 그들을 사랑하고 그들의 고통을 극복할 수 있도록 돌보는 의미가 있기 때문입니다. 고난 받고 있는 이를 위한 목회는 하나님께 대한 사랑과 신뢰에 기초를 두어야 합니다. 또한 주님을 닮아 양들의 고통과 함께하는 상처 입은 치유자(wounded healer)가 되어야 할 것입니다.

주님의 온유하고 겸손한 멍에

예수님의 첫 번째 큰 설교는 산상 설교(마 5-7장, the sermon on the Mount)
이며 사람들은 이 설교를 신약성서의 핵심적인 메시지로 이해해 왔습니다.
'주기도문'(마 6:9-13)은 산상 설교의 한 가운데 배치되어 있으며 산상 설교
의 모든 요구가 이 핵심적인 기도를 중심으로 모여 있습니다. 산상 설교는
처음에 그리스도인의 성품과 행동의 8가지 주요 특성과 이러한 특성을 지
닌 사람들에게 임하는 하나님의 축복(八福)을 선언하고 있습니다. 팔복 중
'온유한 자'는 죄를 '애통하는 자'와 '의에 주리고 목마른 자'의 사이에 놓
여 있습니다.

자연환경의 파괴와 개발 국가들의 착취로 점차 더 부강해지고 있는 듯 보
이는 서구의 탐욕스러운 풍요를 비폭력적인 방법으로 거부하고 있는 사람
들은 부익부 빈익빈으로 흐르고 있는 자본주의 사회의 지나친 이익 추구 대
신 공정한 사랑의 관계를 갈망하고 있는 것으로 생각됩니다. 그리스도인들
은 이러한 현상과 관련된 구체적인 화해 프로그램과 세계적인 규모의 평화
안을 제기하는 용기를 가져야 합니다. 이러한 점에서 '온유한 자'는 주님의
'산상 설교'에서 비폭력을 다룬 핵심 낱말이라 생각됩니다. 온유(溫柔)는 다

른 사람과의 관계에서 선한 사람들에게는 온화(穩和)하고 악한 이들에게는 관대(寬大)함이 되어야 하기 때문입니다.

헬라어에서 '온유한'을 뜻하는 형용사 '프라위스'(πραΰς)라는 말은 신약 성서에서 네 번 나오는데(마 5:5, 11:29, 21:5, 벧전 3:4) 첫 자리에 나오는 것이 "온유한 자는 복이 있나니 그들이 땅을 기업으로 받을 것임이요"라고 한 '산상 설교' 중 세 번째 행복선언에서입니다. 이 행복선언은 "온유한 자들은 땅을 차지하며 풍성한 화평으로 즐거워하리로다"라고 한 시편 37편 11절의 내용과 같아 이를 옮겨 놓은 것이라 주장하는 이도 있습니다. 시편 37편은 다윗의 노년에 다양한 체험을 담고 있기 때문에 더 소중합니다.

주께서는 사람들에게 무거운 짐을 맡겼던 바리새인들과 대조적으로 절대적인 안식을 약속하고 있습니다(마 11:28-30). 이 대목에서 '주님의 온유하고 겸손한 멍에'는 산상 설교에서 제시된 주님의 말씀을 종합적으로 표현한 것이라 할 수 있습니다. 주께서는 서기관과 바리새인들을 꾸짖으시며 '무거운 짐을 묶어 사람의 어깨에 지우되 자기는 이것을 한 손가락으로도 움직이려 하지 아니하며'(마 23:4)라고 했습니다.

힘센 소와 멍에를 같이 한 약한 소는 다만 쫓아가면 되듯이 주님의 멍에를 함께 하면 오직 따라가는 것으로 족합니다.

주께서는 예루살렘에서 여리고 방향으로 3km쯤 떨어진 감람산 동쪽에 위치한 '베다니'에서 십자가에 달리기 전주의 안식일(토요일)을 보내신 다음 날, 곧 종려주일에 감람산 남동쪽 기슭에 있는 '벳바게'에서 두 제자가 맞은편 마을에서 끌고 온 나귀 새끼를 타시고 예루살렘에 입성하셨습니다(마 21:1-9, 막 11:1-10, 눅 19:28-38, 요 12:12-19). 마태복음 21장 5절에는 성경구절(사 62:11, 슥 9:9)을 인용하여 "시온의 딸에게 말하여라, 보아라, 네 임금이 네게로 오신다. 그는 온유하시어 나귀를 타셨으니, 어린 나귀, 곧 멍에 메는 짐승의 새끼다"(표준새번역)라고 기록하고 있습니다.

나귀(ass, donkey)는 말 먹이의 4분의 1로 족한 까닭에 일반 평민이 타고 다니던 교통수단이었고 다윗왕 이후에 왕들은 대체로 수나귀와 암말 사이의 잡종인 노새(mule)를 타고 다녔습니다(왕상 1:33). 그런데 만왕의 왕이신 주께서는 '온유하고 겸손' 하셔서 나귀 새끼(colt)를 타시고 예루살렘에 입성하셨습니다. 그것은 스가랴 선지를 통해 주어졌던 예언의 성취였습니다. 주께서는 열혈당원이 아닌 비폭력적 메시아로서 사람들을 죄와 사망에서 구원하기 원했으나 환호하였던 무리들은 이방인들의 압제에서 해방을 바라는 정치적 메시아를 원했기 때문에 그를 거부하였고, 예루살렘은 결국 멸망되었습니다(마 23:33-39).

요세푸스(Flavius Josephus)의 『유대전쟁사』에 의하면 주후 70년의 로마인들의 예루살렘 함락 원인은 주님의 "온유한 멍에를 받아들이지 않고 열혈당원과 같이 정치적 메시아 묵시 이념에 사로잡혀 있었던 것에 기인한다." 고 보았습니다. 아우구스티누스는 일찍이 "우리는 원수를 사랑하되 그가 이미 형제이기 때문이라기보다 오히려 형제가 되어야 하기에 사랑해야 한다."고 했습니다.

하나님께로부터 오는 위로

너희는 위로하라 내 백성을 위로하라(사 40:1)

이사야 선지에게 '여호와는 구원이시라' 라는 뜻의 '이름' 이 주어진 것은 하나님으로 말미암은 것임에 틀림없고 이사야서의 내용과 연관성이 있다고 생각합니다. 곧 그가 자기의 책에 즐겨 쓰고 있는 말이 '그가 구원하리라' 와 '구원' 으로 번역되는 두 낱말입니다. 이사야 선지는 유다왕 웃시야(BC 787-735)의 사촌이었다는 유대인의 전승이 있으며 그의 글이 그가 뛰어난 지성과 훌륭한 교양을 갖춘 인물이었다는 것과 성경 및 당시 정치 문제에 매우 밝았다는 것을 보여 주고 있습니다. 이사야는 대담하고 성실했는데 악한 왕 므낫세의 우상적 법령에 반대하여 두 장의 판자 사이에 매여 톱으로 켜져서 살해되었다는 '탈무드' 전설이 있습니다(히 11:37 참조).

성서학자에 따라서는 이사야서의 배경 기간과 강조점에 따라 선지자 자신의 시대(BC 739-689)를 배경으로 하는 제1이사야(1-39장), 유다의 바벨론 포로기간(BC 586 이후)을 배경으로 하는 제2이사야(40-55장)와 느헤미야가 예루살렘에 귀환한 주전 444년 이전에 쓴 것으로 보는 제3이사야(56-66장)로 구분하고 이사야의 이름으로 다른 두 사람의 글이 붙여졌다고 주장되기도 합니다. 그러나 이사야서는 한 사람이 저술한 것이며 그 안에 주어진 메시지가 둘이고 경우에 따라 말투가 바뀌었을 뿐이라고 생각합니다.

이사야서는 그 구성면에서 성서를 축소한 책으로 보아 성서의 구약이 39권, 신약이 27권이듯이 하나님의 심판과 정죄를 메시지로 하는 첫 부분의 39장(1-39장)에서 하나님의 위로와 구원을 메시지로 하는 둘째 부분의 27장(40-66장)으로 이어지고 있습니다. 또 둘째 부분의 27장(40-66장)은 "구약 속의 신약"이라고도 하며 각기 9장씩 세 단원, 곧 성부의 이스라엘 구출(40-48장), 메시아의 구속(49-57장), 성령에 의한 회복(58-66장)을 소개하고 있는데 48장 22절과 57장 21절에서 "악인에게는 평강이 없다 하셨느니라"는 같은 말로 마무리되고 있습니다.

이사야서가 하나의 귀중한 '보물상자'라면 그 속의 보물은 '하나님의 위로와 구원'이라는 이사야서 둘째 부분(40-66장) 바로 한 가운데 위치하는 '고난 받는 종'을 서술한 대목(사 52:13-53:12)이 됩니다. 또 이사야서의 첫 부분(1-39장)의 중심 제목 '보좌'(사 6:1 이하)와 둘째 부분(40-66장)의 중심 제목 '어린 양'(사 53:7)은 요한계시록 7장 17절 "이는 '보좌' 가운데에 계신 '어린 양'이 그들의 목자가 되사 생명수 샘으로 인도하시고 하나님께서 그들의 눈에서 모든 눈물을 씻어 주실 것임이라"는 위로의 말씀에서 하나로 묶여지고 있습니다.

성서 헬라어에서 '위로'를 의미하는 '파라클레시스'(παράκλησις)는 '곁에'(파라)와 '부르다'(칼레오)의 합성어인 '파라클레오'(παρακαλέω, 소집하다, 권면하다, 위로하다)라는 동사에서 유래되었으며 신약에 29회 등장하고 있는데 그 중 18회가 바울서신에 사용되고 있습니다. 고린도후서 1장 3-7의 다섯 절에서만도 위로(παράκλησις)란 말이 여섯 번이나 나오는데 '위로'는 오직 하나님께로부터만 오는 것이며 사람이 당하는 고난에 대한 참된 '위로'는 사람에게서 받는 것이 아닙니다. 사도 바울과 많은 그리스도인들이 고난을 당했지만 하나님의 위로와 용기도 함께 받았습니다.

사도 바울은 고린도후서 1장 3절 이하에서 환난과 고난과 사망에 대한 하나님의 위로를 말하면서 주와 관련되는 한 그리스도의 복음을 위해 받는 고난은 필연적인 것이라 했습니다. 바울의 일생을 살펴보면 처참하기 짝이 없어 고달프고 불행한 일이 줄지어 일어났습니다. 그는 그리스도의 남은 고난을 몸된 교회를 위해 자신의 육체에 채운다고 했고(골 1:24) 주의 영광에 참여하기 위해 불가피한 것이라 했습니다(롬 8:17).

위로(comfort)를 뜻하는 영어는 라틴어에서 '튼튼하게 하다'(conforto)라는 말에서 왔는데 육체와(창 18:5, 삿 19:5,8, 아 2:5), 마음에(마 5:4, 행 9:31, 롬 15:5, 고후 13:11) 힘을 주어 새롭게 한다는 의미가 있습니다. 슬플 대 위로하는 것은(요 11:19,31, 고전 14:3, 빌 2:1) 신구약을 통해 그 근원을 자기 백성을 위로하시는 하나님의 사랑에 두고 있습니다(사 40:1). 그 사랑은 그리스도의 은혜와 성령의 위로를 통해 모든 그리스도인에게 주어지는 것입니다. 성령께서 성경 기자들에게 영감을 주셔서 하나님의 메시지를 기록한 것은 기록 당시의 사람들뿐 아니라 우리 모두를 위한 것이기도 합니다.

긍휼히 여기는 자는 복이 있나니

위에서부터 주의 손을 펴사
나를 큰 물과 이방인의 손에서 구하여 건지소서(시 144:7)

우리나라는 여름철이면 장마전선이 오르락내리락하면서 여러 날 동안 계속해서 억수같이 비를 퍼부어 큰 피해를 입습니다. 시편 144편은 찬송(1-4절)과 기도(5-11절)와 택한 백성이 받는 복(12-15절)으로 이루어져 있으며 다윗이 골리앗을 이긴 사건(삼상 17:41-58)에 관하여 지은 시라고 말합니다. 또 이 시편은 중보 기도를 내용으로 하고 있어 사무엘하 22장, 시편 18편과 매우 유사하다고 평가하고 있습니다. 이 시편 7절에 단수인 손으로 표현된 것은 히브리어에서 하나님의 모든 권능을 나타내는 양손을 뜻합니다.

또 큰 물은 모든 것을 휩쓸어 버리는 거세고 위험한 큰 홍수를 뜻하여 "나를 큰 물과 이방인의 손에서 구하여 건지소서"라고 간구한 것은 모세를 물에서 건져낸 것처럼 이스라엘을 구원해 주시고 홍수처럼 몰려와 이스라엘을 위협하는 이방 족속들의 강포에서 구원해 주시며 그들을 몰아내 주기를 원하는 기도입니다. 우리는 큰 충격 때문에 망연자실하고 있는 수많은 이웃들을 도와야 하며 그들이 이 어려움을 이기게 해 달라고 기도해야 합니다. 행함이 없는 믿음은 아무런 유익이 없고 말로는 돕지만 정작 필요한 것을 주지 않으면 그처럼 공허한 것도 없을 것입니다(약 2:14-19).

실망은 우리의 삶에서 실제로 다가오는 현실적인 문제이기에 결국 대적하지 않으면 자칫 낙담하게 됩니다. 점점 참담한 상황으로 몰릴 수 있기 때문에 정면으로 대응하여 극복해야 합니다. 사도 바울은 독사가 손에 달라붙었을 때 단순하게 떨어버렸습니다(행 28:3-5). 기대가 크면 실망도 더 커지는데 이재민 구호를 신속하게 효과적으로 처리하면 그 실망이 재앙의 산을 쌓지 못할 것입니다. 무엇보다 이재민 구제에 종사하는 사람과 관련된 실망은 심각한 상처를 입힐 수 있으므로 공정해야 합니다.

'구제할 것은 없어도 도둑 줄 것은 있다'는 속담이 있습니다. 이것은 아무리 가난한 집이라도 도둑 맞을 것이 있으므로 남을 구제할 생각만 있다면 얼마간이라도 도와줄 것이 있다는 말입니다. 또 '천둥 번개할 때는 천하 사람이 한 마음 한 뜻'이라는 속담은 다 같이 겪는 천재지변이나 위험 속에서 사람들의 마음이 하나가 될 수밖에 없다는 말입니다. 이재민들이 흘린 눈물과 나라 전역에서 그들의 어려움을 돕는 많은 사람들이 흘리는 땀과 눈물이 토양을 긍휼과 치유의 열매로 풍요롭게 할 수 있어야 합니다(계 2:7).

영어에서 '긍휼'을 의미하는 compassion은 라틴어의 쿰(cum과 함께, 같이, 더불어)과 파티(pati, 감당하다)에서 파생된 말이며 '함께 고통 받다', '고통 받는 자와 함께 있어 준다'는 뜻입니다. 긍휼히 여기는 마음은 우리를 상처와 고통이 있는 곳으로 이끌고, 아픔과 두려움으로 고뇌하는 형제들과 어려움을 함께 나누라고 촉구합니다. 또 긍휼히 여기는 마음은 비참한 상태에서 울부짖는 외로운 사람들과 함께 슬퍼하라고 도전합니다.

신약성서에서 하나님의 은혜에 감사하고 어려운 이들을 동정하여 돈이나 물건을 값 없이 주는 구제(엘레에모쉬네, elemosyn)는 긍휼(엘레오스, eleos)이라는 말에서 유래된 낱말이며 마태복음(6:3-4), 누가복음(12:33)과 사도행전(10:2)에만 14회 나오는데 법이나 권위에 눌려 억지로 베푸는 것은 진정한 구제가 될 수 없습니다. 구약성서도 율법과 제도로써 구제의 근본 정신을 권장하고 있습니다(신 24:19-22). 곧 모세의 율법은 구제가 이스라엘의 이상적 행위라 가르쳤고, 선지자들은 어려운 이들이 구제 받을 권리가 있다고 했습니다(사 54:7-8).

그리스도인들은 특히 하나님이 그들에게 베푸신 사랑과 똑같은 애정으로 구제해야 하며 고통 받는 사람과 함께 아파해야 합니다. 또한 상처 받은 세상을 크게 사랑하시고 긍휼히 여기시는 하나님의 자애로운 임재를 드러내는 삶으로 부름 받은 것을 감사해야 합니다. "긍휼히 여기는 자는 복이 있나니 그들이 긍휼히 여김을 받을 것임이요"(마 5:7)라는 축복의 말씀이 있습니다. 주님의 산상수훈 중 다섯 번째 복은 구제에 힘쓰는 이들이 어려운 일을 당할 때 하나님의 도움을 받게 되는 것이라고 해석할 수 있습니다. 구제는 초대교회 이래 오늘날까지 우리 교회의 특권 중 하나이기 때문입니다.

값 없이 사랑하는 마음으로

너희가 거저 받았으니 거저 주라(마 10:8)

마태복음은 성서에서 구약 39권 다음으로 40번째에 위치하고 있어 신 구약 성서를 잇는 다리 역할을 하고 있습니다. 마태복음은 첫 절에서 예수 그리스도는 '아브라함과 다윗의 자손'이라 시작했는데 하나님께서 아브라함과 더불어 하신 약속은 그를 통해 온 땅의 무리가 축복받는다는 것이었고(창 12:3), 다윗과 더불어 하신 언약은 그의 자손 중 한 왕이 그의 보좌에 영원히 앉아 있게 되리라는 말씀이었습니다(삼하 7:8-13). 그리고 마태복음은 왕의 탄생에서 시작되어 대속 제물의 봉헌으로 끝맺고 있습니다.

마태복음에는 다섯 번의 커다란 설교가 담겨져 있는데 10장은 산상설교(마 5:1-7:29)에 이어 두 번째로 전해진 열두 제자들에 대한 파송설교입니다. 당시 주께서 갈릴리와 그 주변지역에 파송하신 열두 제자들은 오늘날 이 세상에 파송되는 모든 그리스도인들의 전형(典型)이라 할 수 있습니다. 그러므로 주님의 위탁을 받은 제자들은 주께서 8-9장에서 하셨듯이 복음을 선포하면서(10:7), 병자를 고치고 죽은 자를 살리며 나병환자를 깨끗하게 해 주고 귀신을 쫓아내는 소명을 감당해야 합니다(10:8). 물론 죽은 자를 살리는 일은 내적으로 죽어 있는 사람들이 자신의 영혼에 하나님을 만나게 하여 다시

활기찬 삶을 살도록 도와주는 일도 포함됩니다.

"너희가 거저 받았으니 거저 주라"는 말씀은 제자들의 태도와 본질을 각성시키는 뜻을 담고 있습니다. 곧 제자들이 행하는 것은 받은 것을 전달하는 것이며 그들이 전하는 복음과 행하는 권능은 자신의 것이 아니라는 것을 철저히 알아야 하기 때문입니다. 거저(δωρεὰν, 도오레안)라는 말은 '무가치하게'라는 뜻이 아니라 '선물로서 값을 받지 말고 사랑하는 마음으로'라는 뜻이 있습니다. 곧 "진주를 돼지 앞에 던지지 말라"(마 7:6)는 경고로 보충해야 합니다.

마태복음 10장 9-15절에서 주의 규범은 그 당시에 한정된 것 같이 보이지만 우리에게도 이 말씀에 유효한 뜻이 숨어 있다고 생각됩니다. 곧 우리의 능력이 아니라 하나님의 영이 관통할 수 있는 마음가짐과 생활태도를 갖는 것이 관건이라고 봅니다. 또 "뱀 같이 지혜롭고 비둘기 같이 순결하라"(마 10:16)고 하셨는데 오리게네스(Origenes, 184-254)는 인간의 공격을 받은 뱀이 똬리를 틀고 머리를 곧추세우는 것을 뱀의 슬기로움이라 보았습니다. 그것은 그리스도인들도 자기 머리, 곧 신앙을 지켜야 한다는 것을 뜻한다고 생각합니다.

그리스도인들은 사람을 두려워해서 안 된다고 했습니다(마 10:26). 하나님의 빛이 숨겨진 것을 드러내고 어두움을 밝히신다는 것을 믿는다면 하나님이 영혼의 두려움에서 해방시켜 주실 것이기 때문입니다. 또 그리스도인들은 육신을 죽여도 영혼을 죽일 수 없는 자들을 겁내지 말라고 했습니다. 하나님이 거하시는 그곳은 어떤 사람도, 죽음조차도 해칠 수 없기 때문입니다(마 10:28). 주께서는 세상에 평화가 아닌 칼을 주러 오셨다고 하셨는데 이때 칼은 폭력의 상징이 아니라 생명을 주는 생각과 인간을 해치는 생각을 분별하기 위한 것이라 생각합니다(마 10:34-37).

또 자기 십자가를 지고 주를 따르라는 말씀은 제자라면 순교도 각오해야 한다는 것을 뜻합니다. 그리스도인들에게 십자가는 주께서 받으신 고난과 죽음을 상징하는 것이고 자기 십자가는 자기 생명을 그리스도께서 받으신 고난과 죽음에 내어 주는 것을 의미하기 때문입니다. 다른 사람을 돕는 일에 헌신하지 아니하고 하나님을 떠나 자신의 욕망을 충족시키는 데 열중하면서 자신의 목숨에 대해 탐욕스럽게 집착하는 이들은 자신들이 지키려 애쓰던 것도 잃어버리고 영적인 영원한 생명도 상실하게 된다고 했습니다(마 10:38-39).

십자가는 하나님의 신비와 사랑에 이르는 왕도(王道)입니다. 하나님께로 향한 길은 우리가 몸소 선택하기보다 하나님이 그 길로 우리를 이끄십니다. 이 길을 가면서 우리는 계속해서 십자가를 만나게 되는데 우리가 그것을 받아들이면 십자가가 우리를 주님처럼 하나님의 조건 없는 사랑으로 인도할 것입니다. 또 그리스도께 헌신한 사람들은 지상에서 하나님을 섬기는 기쁨과 함께 영원한 생명을 얻게 될 것입니다. 바울은 "주 예수 그리스도의 십자가 외에 결코 자랑할 것이 없으니"라고 고백하고 있습니다(갈 6:14).

자기를 낮추고 겸손하라

천국에서는 누가 크니이까(마 18:1)

마태복음에서 주님의 사역은 16장 21절을 분기점으로 하여 그 이전이 주로 무리를 대상으로 한 것이고 그 이후는 주로 제자들을 상대로 하고 있습니다. 마태복음에 담겨져 있는 다섯 번의 커다란 설교에서 네 번째인 18장은 두 번째인 10장이 교회 밖으로 파송한 제자들에 관한 설교인데 반하여 그리스도인들 공동체의 내부생활에 관한 말씀을 담고 있습니다.

안타까웠던 것은 제자들의 주된 관심과 기대가 정치적 왕국에서 그들이 차지하게 될 자리, 곧 벼슬에 있었고 그들의 마음 속에는 이미 질투심이 자라고 있었던 것입니다(마 18:1, 막 9:33-35, 눅 9:46). 주께서는 자신을 그리스도시요 살아 계신 하나님의 아들이라 고백한 베드로를 축복하셨는데 주님의 대속을 위한 고난과 죽음에 대한 말씀에 베드로는 감히 반박했습니다(마 16:13-22). 또 주님과 함께 변화산에 올랐던 세 제자 중 베드로만이 재빠르고 거리낌 없는 의견을 말했습니다(마 17:1-13). 그리고 세리들도 성전세를 요구할 때 그 그룹을 대표할 만한 사람으로 베드로를 지목했습니다(마 17:24).

그리스도인들 사이에서도 누가 큰 사람이냐는 서열 문제가 관심의 초점이 될 수 있습니다. 주께서는 천국에서 누가 크냐는 제자들의 물음에 응답하면서 율법에 의해 아무런 권리도 없고 유대 사회에서 최하 신분으로 여겨져 무시되었던 한 어린아이를 불러 저희 가운데 세웠습니다. 주께서는 제자들의 사고방식을 변화시키도록 권면하면서 천국에 들어가려면 이 어린아이와 같이 겸손하게 자기를 낮추어야 한다고 하셨습니다(마 18:1-4, 막 9:35-36, 눅 9:46-48). 자기를 낮추는 이는 실제로 하나님 앞에서 낮은 것을 인정하는 자입니다.

마태복음 18장 5-14절에서 주께서는 제자들에게 천국의 서열이 아니라 섬기는 일에 대해 예화와 함께 말씀하고 있습니다. 곧 주님의 영광을 위해 작은 자를 인정하고 받아들일 것을 권장하면서 실족케 하는 자를 엄히 경고하셨습니다. 이때 실족(失足)은 '감정을 상하게 하거나 넘어지게 한다'는 뜻을 가지며 정신적으로 치명적인 타격을 주는 일을 뜻합니다. 또 손, 발, 눈을 통해 죄를 짓도록 유혹하는 마음의 썩은 생각을 잘라내라고 권면합니다. 아흔 아홉 마리와 잃었던 양 한 마리의 비교는 공동체에 남아 있는 이들에게 만족치 않고 자신을 잃고 참된 길에서 벗어난 이에게 찾아가라는 것이 요점입니다(눅 15:3-7).

주께서는 공동체 생활에 해가 되는 잘못이 생겼을 때 어떻게 권고해야 할 것인가에 대해 말씀하셨습니다(마 18:15-20). 만일 어떤 형제가 잘못한 일이 있으면 단둘이 마주하여 타이르고 들으면 관계를 회복하되 듣지 않을 때 두세 명의 증인과 함께 권고하고 그것조차 듣지 않을 때는 교회에 알려 그의 잘못을 고쳐 주도록 하고 또 듣지 않으면 형제가 참된 인식에 이르도록 하기 위해 제명하기도 합니다(신 19:15, 요 18:17). 그러나 하나님의 약속을 확신하면서 형제들이 주의 이름으로 함께 기도를 계속해야 합니다.

마태복음 18장 21-35절에서 주께서는 끝없는 용서의 필요성을 설명하셨습니다. 이웃의 범죄에 대해 당시 유대인들의 두세 번 용서보다 베드로가 물은 일곱 번까지 용서는 관대한 것 같았으나 주님의 일흔 번씩 일곱 번은 무한하게 반복되는 용서를 기대하신 것입니다. 주께서는 만 달란트의 빚을 탕감 받은 이가 자기에게 백 데나리온 빚진 동료를 옥죄인 무자비한 종의 비유를 들어 설명했습니다. 백 데나리온은 백 일 품삯이고 한 달란트는 육천 데나리온이니 만 달란트 빚진 이는 육십만 배나 더 많은 빚을 진 것입니다. 주께서는 마음으로 형제를 용서치 아니하면 하나님도 용서치 아니한다고 말씀하신 것입니다.

제자들은 서열을 따지느라 '유치해'(childish)서는 안 되고 진실하고 겸손한 마음을 지닌 '어린아이 같이'(child-like) 종의 태도를 지녀야 합니다. 목자들은 공동체에 남아 있는 이들보다 자신을 잃고 참된 길에서 벗어난 이들에게 찾아가야 합니다. 베드로의 질문에 대한 주님의 응답은 용서의 양이 아니라 질을 중요시한 것으로 이해됩니다. 죄와 잘못을 포함하여 자신이 조건 없이 온전하게 받아들여졌다고 가슴 깊이 느끼면 마음에서 용서도 흘러나올 것입니다. 그러나 자신의 감정을 뛰어넘어 용서에 동참하는 것이 중요합니다.

8장 쉴 만한 물가 가정과 자연

그리스도와 연합한 사랑의 가정

산 돌 같이 신령한 집으로 세워지고(벧전 2:5)

하나님이 인간을 하나님의 형상과 모양대로 만드시고(창 1:26), 함께할 동반자를 주셔서 하나님의 뜻을 세상에 펴 나가는 첫 가정이 되게 하셨습니다 (창 2:21-24). 가정은 사랑의 공동체이므로 사랑이 없으면 주택(house)이지, 가정(home)이 될 수는 없습니다. 물론 가정은 혈육인 가족으로 이루어집니다. 그러나 가족이 있는 곳에 반드시 가정이 있는 것은 아닙니다. 가족은 육체적이지만 가정은 성령으로 성화된 신령한 집이어야 하기 때문입니다. 독일의 비스마르크는 영어에 부러운 말 둘이 있는데 신사(gentleman)와 가정(home)이라 하였습니다. 독일어에서 das Hause는 주택일 뿐 가정(home)은 되지 못하기 때문입니다. 주께서는 "누구든지 하나님의 뜻대로 하는 자가 내 형제요 자매요 어머니"라고 하였습니다.

그리스도인에게 가정은 축소된 교회이므로 교회를 통해 사회와 국가와 세계로 확장되는 것입니다. 가정은 주의 몸 된 교회의 지체이면서 국가의 기본단위 조직이기 때문입니다. 곧 가정은 사회에서 가장 작은 조직단위이지만 가장 기본이 되고 강한 조직체입니다. 현대 사회학의 창시자 콩트 (August Conte)는 "가정은 인간의 이기적인 것과 이타(利他)적인 것을 연결하는 다리로서 남과 같이 사는 법과 남을 위해 자기를 희생하는 정신을 기르는 곳"이라 했습니다. 가정은 어린이가 자라는 온실 또는 못자리와 같습니다. 농사를 지어 쌀 한 톨을 얻으려면 88가지 일이 필요하다는 계산에서 쌀 미(米)자는 '八十八'의 수직결합으로 만들어졌다 합니다. 어릴 때 아이를 참된 사랑으로 가꾸지 못하면 가라지와 같이 자랄 수 밖에 없습니다. 가정은 어린이의 도덕과 신앙적인 교육에서 학교와 교회보다 더 큰 역할을 감당해야 합니다. 또 부모가 없거나 부모와 불화를 겪고 있는 아이들에게 교회는 영적인 아버지가 되어 영적으로 이끌어 주고 하나님 나라의 질서를 일깨워 주는 역할을 감당할 수 있어야 합니다.

결혼은 언제나 남녀 한 쌍의 정결한 결합이어야 하고 일부일처제(一夫一妻制)가 지켜져야 합니다. 성서에 의하면 여자는 남자를 "돕는 배필"로 창조되었고(창 2:18), "여자의 머리는 남자"(고전 11:3-16)라 하셨습니다. '남자가 여자의 머리'라면 '여자는 남자의 몸'으로서 우열(優劣)이 없는(고전 12:12-17) 유기적인 관련을 가져야 합니다. 주께서 머리가 되려는 자는 종이 되라(마 20:27)고 하셨는데 남편들은 "그리스도께서 교회를 사랑하시고 그 교회를 위하여 자신을 주심 같이 하라"(엡 5:25)고 하셨습니다.

한 나라의 문화 수준은 여성의 위치를 살피는 것이 첩경이라고 합니다. 그러나 남녀평등을 '성의 해방'으로 착각하면 성적 문란과 무질서에 의해 가정의 비극과 파탄을 자초하게 됩니다. 히브리어에서 단수로 남자를 '이쉬', 여자를 '이쉬샤'라고 하고(창 2:23, 고전 11:8-9), 복수로는 여자를 '나쉼', 남자를 '아나쉼'이라 합니다. 곧 한 가정의 대표는 남자이지만 자녀를 갖게 된 복수인 가정에서는 여자가 주부(主婦)가 된다는 뜻입니다. 사도 바울의 전도 반려자인 디모데는 외조모 로이스와 모친 유니게의 믿음을 본받은 것(딤후 1:5)이었습니다. 히브리어에서 '사랑하다'라는 동사 '라함'은 여성의 자궁을 뜻하는 명사 '레헴'에서 유래되었습니다. 유대인은 아버지가 헬라인이라도 어머니가 유대인이면 유대인이 되는 이유가 여기에 있습니다.

결혼한 부부는 상호간 성실(fidelity)해야 하며, 하나님이 짝지어 주신 것을 임의로 나누어서는 안 됩니다(마 19:6). 또 그리스도인 부부는 하나님 나라라는 큰 가정의 구성원으로서 하나님의 소명에 부응하는 하나님의 청지기로서 사명을 감당하면서 사회공동체의 일원으로 사회책임을 수행해야 합니다. 사람은 인간적인 사랑을 체험하지 않고는 하나님의 사랑을 체험할 수 없다고 합니다. 전통적인 3세대 동거가족이 점차 부부와 미혼자녀만의 핵가족으로 변천됨에 따라 가정 내에 조정역의 상실은 결손가정의 양산과 어린이에 대한 가정 폭력 등 심각한 문제를 가져왔습니다. 비록 핵가족이라도 부모는 자녀의 성혼 시까지 책임을 져야 하고 늙은 부모를 공경하며 주의 교양과 훈계로 자녀를 양육해야 합니다(엡 6:1-4). 그리스도인의 가정은 생명의 주가 되시는 그리스도와 연합하여 산 돌들과 같이 신령한 집으로 지어져 가야 합니다.

믿음 안에서 부모와 자녀의 관계

주 안에서 너희 부모에게 순종하라(엡 6:1)

산업사회가 가져온 도시화로 대가족제는 점점 핵가족제로 변해 왔습니다. 서구에서는 핵가족도 해체되어 혼자 사는 가구가 전체 가구의 25%를 넘어섰으며 특히 노르웨이의 경우, 그 비율이 50%에 육박하고 있고 수도인 오슬로에서는 그 비율이 79%에 달한다는 보고가 있습니다. 서구의 1인당 소득이 상대적으로 매우 높지만 자살률 또한 높은 이유가 가족문화에 있다고 이해되고 있습니다.

미국에서 가정이 결손되어 가난하게 된 경우 아이들의 성적이 급속하게 나빠지는 경향이 있으나, 아시아계 가정의 아이들은 상대적으로 안정을 유지하고 있으며 그 이유를 그들의 전통적인 가족문화에서 찾고 있습니다. 설과 추석 연휴에 민족대이동이 있는 것은 혈육의 유대가 강하다는 것을 나타내는 자랑스러운 문화입니다. 걱정스러운 것은 지난해 우리나라 인구증가율이 0.32%에 불과하고 주민등록제가 실시된 1974년 이후 가장 낮은 증가율을 보여주고 있다는 것입니다. 출산율의 저하는 부모세대가 은퇴할 때 그들을 부양해야 할 젊은이들의 숫자가 점차 감소되고 있다는 점에서 신중한 대책이 필요합니다.

부부관계와 형제관계는 수평적인 윤리를 형성하지만 친자(親子)관계는 하나님과 피조물인 인간의 관계와 같이 수직적인 윤리관계입니다. 인간의 육신이 부모로부터 비롯되기 때문입니다. 유교적인 교훈에 의하면 아버지는 나를 낳으시고 어머니는 나를 기르셨다고 합니다. 십계명의 제5계명에서는 "네 부모를 공경하라. 그리하면 네 하나님, 여호와가 네게 준 땅에서 네 생명이 길리라"고 하셨습니다. 이 말씀은 유교에서 부모에게 효도하라는 말과 같습니다. 곧 어느 문명권에서나 안정된 사회를 유지하기 위해서는 부모의 권위가 필수적인 것이었습니다. 따라서 바울이 '부모를 거역하는 것'을 하나님께서 불경건한 대로 내버려 두신 패역한 사회와 그리스도의 초림과 더불어 시작되는 말세의 징조 속에 포함시키고 있는 것은 조금도 놀라운 일이 아닙니다(롬 1:28-30, 딤후 3:1-2).

자녀가 부모의 가르침에 순종하고 부모의 권세를 존중해야 하는 것은 하나님께서 인간의 마음에 새기시고 모세에게 주신 돌비에도 새기신 것에 연유합니다. 부모는 가정을 공정하게 다스리고 자녀들을 노엽게 하지 말아야 합니다(엡 6:4). 부모는 자녀들을 길러낼 뿐 아니라 사랑으로 포근한 관계를 유지하면서 함께 살기 위해 힘써야 합니다. 부모는 자녀들을 덜된 인간이나 된듯이 비웃거나 더러운 것을 깨닫지 못하는 것 같이 그들 앞에서 험담을 해서는 안 됩니다. 부모는 또 자녀들과 즐길 수 있는 일을 찾아야 하고 단순히 의식주와 교육을 제공하는 차원을 넘어서서 자녀들의 생활에 기꺼이 동참함으로써 성장한 후 그 일들을 회상할 때 행복한 추억으로 가득 차게 해야 합니다. 그러나 자녀들이 자기중심적인 삶에 갇히지 않도록 양육해야 하며 언제나 창조주 하나님께로 이끌어야 합니다.

자녀들은 일정한 시기에 이르면 의존상태에서 벗어나 부모와 동등한 위치로 옮겨져야 합니다. 성경에 의하면 남자는 결혼할 때 브모를 떠나 아내와 한 몸을 이루고(창 2:24) 여자의 머리로서 한 가정을 이끌 권세를 갖게 됩니다(엡 6:23-24). 그러나 결혼을 완전한 독립의 순간으로 간주하는 것은 아닙니다. 부모는 계획을 잘 짜서 조용히 그리고 깨닫지 못할 정도로 점차적으로 자녀가 부모 밑을 떠나 부모와 동등한 위치에 이르도록 이끌어야 합니다.

성경에 의하면 자녀들은 부모의 축복이 가정의 평강을 증진시키는 것으로 믿었으므로 부모는 여러모로 자녀를 축복했으며(창 48:14, 룻 4:11, 민 6:24-26), 특히 부모가 운명하기 전에 축복하였습니다(창 27, 29, 신 33장). 부모는 자녀를 위해 기도와 간구를 계속해야 하며 자녀도 부모를 위해 열심히 기도하며 섬겨야 합니다.

하나님이 주신 축복된 이름

내가 택한 여수룬아 두려워하지 말라(사 44:2)

부모가 자녀에게 붙여준 이름은 대체로 그 아이가 어떤 인물로 성장해 주었으면 하는 부모의 소원이나 기대를 나타냅니다. 때로는 자녀를 출산했을 때나 이름을 지을 때 또는 그 직전에 부모 혹은 부모 중의 어느 한쪽이 경험했던 사건이나 마음에 깊이 새겨져 잊혀지지 않는 것을 담아두기도 합니다. 그리고 어떤 이름들은 그 이름을 가진 이들의 특징을 나타낼 때도 있습니다. 그러나 개인의 이름이 언제나 그의 본성을 나타내는 것은 아닙니다. 곧 '갈렙' 이나 '드보라' 가 '개' 나 '벌' 을 가리키지 않기 때문입니다.

이사야 44장 1-2절에서 우리는 한 사람이 '야곱' , '이스라엘' 과 '여수룬' 으로 불리어지고 있는 것을 알게 됩니다. 하나님은 이스라엘이 택하신 자인 것을 재확인하면서 '두려워 말라' 고 다시 권면하셨습니다. 이사야 44장 3-5절은 이스라엘이 되어져야 할 새 민족상에 대해 말씀하셨습니다. 곧 성령을 부어주셔서 이스라엘 민족을 축복하고 흐르는 시냇가의 풀과 버들 같이 많아지게 하시겠다고 했습니다. 곧 그리스도께서 완성하실 것을 예언하고 있습니다(욜 2:28-29 참조). 하나님께서 이삭의 둘째 아들인 야곱을 '이스라엘' 과 '여수룬' 으로 부르실 때 축복하신 것을 살펴서 신앙생활의 본보기로 삼으면 의미가 클 것으로 생각합니다.

이삭이 하나님께 간구하여 '리브가'가 수태한 '쌍둥이'들은 태 속에서도 서로 싸웠는데 형은 살결이 붉고 털투성이었으므로 '에서'(털보)라 했고 동생은 형의 발꿈치를 잡고 나왔기 때문에 '야곱'(발꿈치)이라고 이름 지었습니다. 하나님은 그들이 출생하기 전부터 두 사람의 성품을 아시고 야곱을 아브라함이 받은 약속의 상속자로 선택하여 이것을 리브가에게 암시하셨으며(창25:23), 야곱은 붉은 죽 한 그릇에 장자의 명분을 샀습니다(창 25:29-34). 물론 에서가 야곱에게 속은 것이지만 성서는 야곱의 교활함보다 에서의 경솔함을 비판하고 있습니다(히 12:16).

늙고 식욕만 왕성해진 이삭은 에서에게 축복하고 족장의 자리를 물려 주려고 했습니다. 그러나 눈이 어두운 이삭은 에서가 사냥에서 돌아오기 전에 리브가와 야곱의 꾀대로 차려준 별미를 먹고 염소새끼 가죽을 손등에 감아 에서처럼 위장한 야곱을 축복했습니다(창 27:27). 또 속은 것을 원통해하는 에서가 야곱을 죽이려고 하자 리브가는 야곱을 자기 고향 하란으로 도망시킵니다(창 27:41-44). 야곱은 도중에 루스에서 천사들이 하늘에 닿은 층계를 오르내리는 꿈을 꾸고 깨어나 베었던 돌을 세워 기름을 붓고 벧엘(하나님의 집)이라 불렀고 함께 계시는 하나님으로 인해 고독과 절망을 극복했습니다 (창 28:10-22).

야곱은 하란의 외삼촌 라반과 20년을 속고 속이면서 두 아내와 두 첩을 얻고 12명의 아들과 함께 많은 재산을 가지고 돌아오면서도 형의 일로 불안했습니다. 야곱은 밤에 얍복나루에서 처자와 소유물을 시내 건너로 보낸 후 어떤 분과 동이 트기까지 축복을 요구하면서 씨름을 했고 환도뼈를 다치게 되었습니다. 그 분은 '너는 하나님과 겨루어 냈고 사람(에서)과도 겨루어 이긴 사람이니 다시 야곱이라 하지 말고 이스라엘(하나님이 지배하신다)이라 하라'고 축복해 주셨습니다(창 32:28). 야곱은 그 곳을 '브니엘'(하나님의 얼굴)이라 했고 에서와도 화해할 수 있었습니다.

'여수룬'은 히브리어 '예수룬'을 소리 나는 그대로 옮긴 것이고 의로운 자, 간사함이 없는 정직한 자(Delitzch), 사랑 받는 자(70인역)를 뜻하며 하나님께 사랑 받아 정직한 자로서 선택된 이스라엘을 가리키는 애칭(詩名)입니다. 여수룬이란 말은 구약에 네 번(신 32:15, 33:5, 26, 사 44:2) 등장하고 있습니다. 신명기 32장이 이스라엘의 배반과 심판을 주제로 한 '모세의 노래'라면 33장은 이스라엘에 대한 축복을 선포한 장입니다. 이사야 44장 1-5절도 여수룬의 성령 충만을 예언하고 있습니다. 곧 여수룬은 성령 충만한 성화의 삶을 살아갈 이의 축복된 이름입니다.

하나님은 채찍을 드시면서도 언제나 우리의 회복과 성장을 도우십니다. 야곱은 이기적인 속성을 지니고 있는 모든 자연인의 상징이라 할 수 있습니다. 그러나 이스라엘은 야곱이 모든 육적인 욕심을 버리고 하나님 앞에 투항하여 영적 승리자가 되었을 때 이름입니다. 환도뼈가 어긋났다는 것은 야곱의 몸을 지탱하고 있던 신체의 기둥, 곧 잔꾀, 교만, 욕심 모두가 무너진 것을 뜻합니다. 여수룬의 축복은 이스라엘이 된 자에게 부어주시는 성령 충만의 복이요 영적인 갈증을 자각하고 하나님과 어린양의 보좌로부터 흘러 내리는 생명수의 강가에 나아갈 수 있는 자들의 복입니다(계 22:1-2).

자연을 다스리는 청지기

네가 선 곳은 거룩한 땅이니 네 발에서 신을 벗으라(출 3:5)

동양인은 '자연'(自然)을 문자 그대로 '스스로 그러한' 것으로 생각합니다. 곧 존재의 근원과 원인이 외부에서 온 것이 아니라 그 자체 내에 있다고 보는 것입니다. 따라서 자연은 인간을 포함한 모든 존재를 생성 변화시키는 근원이 됨으로 자연의 뜻에 순응하는 것이 인간의 도리로 본 것입니다. 그러나 서양인은 '자연'(nature)을 어원인 '앞으로 태어날 자'라는 뜻의 'natura'(나투라)라는 말에 근거하여 미래지향의 생식과 성장과 죽음까지 포함하는 생태과정으로 이해하고 있습니다.

그런데 최근 생태계의 위기는 생활의 터전인 자연환경의 파괴로 이어져 인간과 모든 생물을 어려운 처지에 직면케 하고 있습니다. 따라서 인간과 만물의 생활 터전인 환경이 인간과 어떠한 관계를 갖고 있는가를 연구하는 학문인 생태학(生態學: ecology)이 등장하고 또 이 생태학과 밀접한 관계를 갖는 학문으로서 지구환경 문제의 해결과 방지, 환경 보전과 생산의 조화로운 방향을 과학적이고 체계적으로 연구하는 환경과학(environmental science)이 각광을 받고 있습니다. 'eco'는 '집' 또는 '살 곳'을 뜻하는 헬라어 *oíkos* (오이코스)의 약자이고 '—logy'는 학문을 뜻하는 'logos'(로고스)이며 그 합성어가 'ecology' 입니다. 우리나라의 '환경 보호법'에 의하면 "환경이라 함은 자연의 상태인 자연환경과 사람의 일상생활과 밀접한 관계가 있는 재산의 보호 및 동식물(動植物)의 생육에 필요한 생활환경을 말한다."고 정의하고 있습니다. 환경(環境, environment)이라는 용어는 중간 공간(中間 空間)을 뜻하는 라틴어 'medius locus'(메디우스 로쿠스)에 어원을 두고 있습니다. 곧 환경은 숲, 산, 계곡, 강, 호수와 바다 같은 자연 환경뿐만 아니라 도로, 유락시설, 주택과 같은 인공적인 환경은 물론이고 인간과 관계를 맺고 있는 모든 생물계와 무생물을 포괄하는 개념입니다.

인류의 역사는 자연과 함께 하고 자연을 사용하면서 일으켜 온 문명의 역사입니다. 또 인간의 몸도 자연 자원의 원소들로 이루어지고 있는 것을 기억해야 합니다. 자연의 질서에서 삶의 질서를 배워야 합니다. 참 인간이 된다는 것은 창조질서 안에서 인간과 하나님의 신앙관계, 다른 사람과의 사회적인 관계는 물론이고 인간의 자연에 대한 관계도 중요시해야 하기 때문입니다. 하나님과 인간의 관계는 수직적인 관계 또는 일차적인 관계라 하고 이웃 및 자연과의 관계는 수평적인 관계 또는 이차적인 관계라 표현하는 것이 일반적입니다.

인간은 영적인 세계(spiritual world), 곧 하늘과 물질세계(material world)—땅(earth)을 연결하는 사다리로서 생령(living being)입니다(창 2:7). 사람은 하나님의 형상을 따라 창조되고(창 1:27) 땅을 정복하고 모든 생물을 다스리라(창 1:28)는 소명을 받고 있습니다. 이 때 정복하라는 것은 땅을 자신의 것으로 취하여 마음대로 다루어도 좋다는 뜻이 아니라 선한 목적을 위해 자원을 유익하게 이용하라는 명령입니다. 자연에 대한 억압적인 지배는 인간의 개인적인 이익을 위해 자연을 가차 없이 착취하고 훼손하는 것이겠으나 자연에 대한 청지기로써 지배는 인간의 이익을 극복하여 관리하고 보전하는 것이어야 합니다. 곧 인간은 하나님의 사랑, 생명과 영광의 통로가 되어야 합니다.

　바닷물은 깨끗하나 사용하는 사람들의 마음이 더러울 수 있습니다. 수려한 산은 높고 장엄하나 등산객들의 뜻이 낮고 천박할 수 있습니다. 속인들이 깨끗한 물을 혼탁케 하고 아름다운 산을 더럽히고 있습니다. 자연을 있는 그대로 고마워하지 못하는 이들은 주 하나님이 지으신 이 아름다운 땅을 누릴 자격이 상실된 온전치 못한 사람들입니다. 물이 맑고 산이 푸른 곳에서 음란한 노래 대신 주님의 높고 위대하심을 찬양합시다. 해변가와 산골짜기에 썩은 흔적을 남기지 맙시다.

주님이 주신 쉴 만한 물가

그가 나를 푸른 풀밭에 누이시며
쉴 만한 물가로 인도하시는도다(시 23:2)

자연이 이루어 놓은 팔레스타인의 경계(境界)는 북으로 만년설(萬年雪)에 뒤덮인 레바논 산맥, 남으로 비가 매우 적어 '메마른 땅'을 의미하는 네겝(Negeb), 동으로 광활한 나후드(Nafud) 사막과 서쪽으로 지중해로 싸여 있습니다. 비는 우기(雨期)에만 내리고 남쪽으로 갈수록 강우량도 적습니다. 서풍(西風)은 생명을 주는 비를 가져다 주는 반면 동풍은 흔히 봄에 사막에서 부는 덥고 마른 먼지 바람이며, 푸성귀에 해롭고(창 41:6) 때로는 메뚜기를 몰아옵니다(신 28:42, 왕상 8:37).

팔레스타인의 한 해는 두 부분, 곧 비 올 때(雨期)와 가물 때(乾期)로 나눌 수 있습니다. 이스라엘 민간력은 태양력으로 9-10월에 시작되므로 10월 말에서 12월 초까지 내리는 비를 '이른 비'(모레)라 하고 그때까지 여름 햇볕에 굳어버린 땅을 괭이로 파거나 보습으로 갈았습니다(삼상 13:20, 사 7:25). 동양에서는 밭을 갈고 씨를 뿌리지만 저들은 먼저 씨를 뿌리고 밭을 갈아 흙이 씨를 덮어 주어 이랑이 없습니다(시 65:10).

태양력으로 2월 말에서 4월 초까지(민간력 6,7월) '늦은 비'(말코스)가 내리는데 이 비는 농사에 대단히 중요한 비이며 늦거나 적으면 풍성한 수확을 기대할 수 없습니다. 4월에 보리를 자르기 시작하여 2, 3주일 지나서 밀을 베고 약 7주간, 곧 유월절에서 오순절까지 추수를 끝냅니다.

곡식은 땅이 비옥하고 일기가 좋으면 밀이 30배, 보리가 100배나 됩니다 (마 13:8). 이스라엘에서 거름을 하지 않아도 되는 가장 비옥한 땅은 이스르엘(Jezreel) 평야이며 지중해변의 갈멜산에서 요단강에 이르는 이 푸른 평야의 중앙에는 기손강이 흘러 필요한 물을 공급하여 기름지게 하고 있습니다. 신약에는 이 평야를 에스드라론(Esdraelon)이라 했고 저 유명한 도시 무깃도가 이 평야를 지키는 관문으로 전략적 위치에 있습니다.

밭은 보통 겨울, 봄, 여름 세 번 갈며 부지런한 농부는 늦은 여름에 한 번 더 갈고 있습니다. 밭갈이 할 때 멍에는 황소에 메고 좋은 땅에는 나귀도 사용합니다. 함께 멍에를 멜 황소들은 사전에 힘의 우열을 알게 하여 약한 것이 강한 것을 따르게 하면 쉼을 얻게 됩니다(마 11:28-30).

우리나라에서 겨울에 내리는 눈은 이른 비에 비유됩니다. 또 '늦은 비'는 여름철에, 동서로 길게 형성되는 장마전선이 오락가락하며 오랜 기간 계속해서 비를 뿌리는 것에 해당합니다. 노천명(盧天命)은 그의 시 「사슴의 노래」에서 첫 소절과 마지막 소절을 "하늘에 불이 났다 / 하늘에 불이 났다"라고 노래하고 있습니다. 또 노천명은 「사슴의 노래」의 두 번째 소절에서 "도무지 나는 울 수 없고 / 사자 같이 사나울 수도 없고 … 차라리 아는 이들을 떠나 / 사슴처럼 뛰어 단여보다"라고 마음 문을 열고 있습니다.

부버(Martin Buber, 1878-1965)는 『나와 너』(Ich und du)에서 인간이 자연과 더불어 어떠한 인격적인 관계를 갖겠는가를 가르치고 있습니다. 인간이 자연과 가졌던 '나와 그것'의 관계를 '나와 너'의 새로운 관계로 한 차원 높여 마음을 열 때 성숙한 관계를 맺을 수 있습니다.

기독교 윤리에서 인간은 하나님과의 관계를 수직적 또는 일차적인 관계라 하고 이웃 및 자연과의 관계를 수평적 또는 이차적인 관계라 합니다. 그러나 부버(M. Buber)는 '나와 너'의 관계가 '나와 그것'의 관계로 변천되어 인간의 비인격화(depersonalization)가 촉진되고 있는 잘못을 지적했습니다. 또 우리가 머무는 커다란 집인 자연 환경도 화학 약품과 공기 오염, 폐수, 쓰레기로 황폐화 되어가고 있어 지구 생명체와 지구 자체의 위기가 되고 있습니다.

시편 23편 2절에서 '쉴 만한 물가'는 '안식의 물가'를 표현한 것입니다. 조용하게 흐르는 물은 깊고 넓어서 위험도 없고 공기도 상쾌하기 때문입니다. 성령께서 우리 마음 고요한 곳에서 우리와 만나시며 마치 물처럼 깨끗하고 새롭게 하십니다. 주님의 양떼들이 아담 이후로 이 물가에서 생수를 마셨지만 이 시내는 마르지 않을 것입니다.

인류의 보금자리, 지구 공동체

내가 산을 향하여 눈을 들리라(시 121:1)

　시편 기자는 여러 곳에서 자연의 특성을 설명하면서 하나님의 창조와 섭리를 찬미하고 있습니다. 특히 시편 104편은 바다와 땅, 구름과 햇빛, 식물과 동물, 빛과 어두움 그리고 생명과 죽음 등의 모든 자연 생태계가 여호와 하나님의 영광을 드러내고 있다고 하였습니다.

　독일의 에른스트 헥켈(E. Haeckel, 1834~1909)은 '생태학'(oekologie, ecology)이라는 새로운 과학 분야를 "… 자연계의 법칙에 관한 지식의 집합을 우리는 생태학이라 한다. 곧 동물의 비유기적 또는 유기적 환경에 대한 종합적인 관계, 특히 직접 간접으로 접촉하게 되는 동식물과의 우호적 또는 적대적인 관계를 포함하는 연구"라 정의했습니다. '이카러지'(ecology)라는 말은 어원적으로 헬라어 오이코스(οἶκος)에서 유래되고 '주거과학'이라는 의미가 있습니다.

　그러나 오늘날 일반적으로 '이카러지'라 할 경우, 그것은 상술한 생태학을 가리킬 뿐만 아니라 자연 생태계가 갖는 의미를 중요시하여 이것과 조화를 이루는 사회발전을 도모하는 방법이나 생활태도(life-style)를 추구하는 사회운동 또는 사회사상을 폭 넓게 표현하는 것으로 의미를 확대하고 있습니다.

이러한 하나의 사회운동 또는 사회사상으로서 '이카러지'는 1960년대 말엽부터 구미 선진공업국을 중심으로 확산되기 시작하여 1970년대 이후에는 자연보호운동과 원자력발전반대운동, 기타 환경보호운동, 평화운동 등의 분야에서 다양한 발전을 가져왔습니다. 또 국제간의 협력을 통해 채택된 '인간 환경 선언', '리우 선언', '교토 의정서' 등 지구 환경 보전과 관련된 국제적 합의의 기본 지침이 그 좋은 예입니다.

우리 인류의 보금자리인 지구 생명 공동체의 생존과 발전을 위한 환경문제에는 대기(大氣), 물, 토양(土壤) 등의 환경오염(environmental pollution)과 이에 따른 공해(公害)문제, 원생림(原生林), 야생동식물의 보호 또는 녹지(綠地)의 보전이란 일체의 자연보호 문제 그리고 전통적인 지역경관이나 거리 및 역사적 문화적 유물의 보존문제 등도 포함합니다.

또 지구 규모의 수준으로 눈을 옮기면 프레온 가스(chlorofluorocarbon: CFC)에 의한 오존(ozone)층 파괴의 문제나 이산화탄소를 비롯한 온실효과, 가스에 의한 지구 온난화에 관한 문제 등도 매우 중대한 환경문제가 되고 있습니다. 이때 환경문제의 대상인 환경이 파괴되어 인간생활에 악영향을 미치게 될 경우, 환경이 파괴된 것, 곧 환경파괴(environmental disruption)라는 표현을 사용하고 있으며, 그 파괴 정도가 심각할 때 환경 난민(environmental refugee)도 발생하게 됩니다.

보통 권리는 개인의 생명, 신체 또는 유형, 무형 재산 등에 설정되므로 그 권리에 의해 보호되는 이익을 누리는 주체가 명확합니다. 그러나 공유 자원인 환경의 경우 이익을 누리는 주체는 특정하기 어렵습니다. 예를 들면 청정한 대기와 양호한 수질의 이익은 상당히 광범한, 때에 따라서는 전 지구적인 규모에서 누리고 있는 것이므로 권리 주체를 특정하는 것이 매우 어렵습니다. 또 공유 자원은 코스트 의식 없이 무질서하게 과잉 사용함으로 인해 자원 고갈의 비극을 맞게 될 수 있습니다.

성서에서 유대인들은 산을 거룩한 곳으로 생각했습니다. 시내산은 여호와께서 거하신 곳이요(신 33:2), 시온산도 하나님의 특별하신 거소였습니다(시 68:16). 주께서도 늘 조용한 산을 찾아 기도하셨습니다. 특히 변화산에서 주님의 변형(마 17:1-13)은 제자들의 마음에 경건한 감격을 주었고 하산한 후 주님의 영광스러운 부활에 참여할 수 있는 신앙을 소유하게 했습니다.

시편 120편부터 134편까지 15편은 순례자가 거룩한 성(Holy City)을 향해 올라가면서 읊조린 노래입니다. 그 대부분의 노래들은 시온과 성전을 향한 뜨거운 사랑과 예루살렘의 평화와 번영을 기리고 있습니다.

선한 무화과와 악한 무화과

무화과나무의 비유를 배우라(마 24:32)

나무들은 혹독한 추위에 뿌리를 굳세게 보존하고 찌는 듯한 한여름 더위에 열매를 여물게 합니다. 헤세(Hermann Hesse)는 나무와 이야기하고 나무에 귀를 기울일 줄 아는 자가 진리를 안다고 했습니다. 에덴 동산에는 여러 가지 나무들이 빽빽하게 들어서 있었던 것 같습니다(창 3:8). 하나님의 이 동산에서 가장 중요한 나무는 '생명나무'와 '선악을 알게 하는 나무'였습니다(창 2:9). 인간의 죄는 선악을 알게 하는 나무 밑에서 시작되었으며 사람은 무화과나무 잎을 엮어 만든 치마로 그 죄를 덮어보려고 했습니다(창 3:1-7).

무화과나무는 주께서 저주하신 유일한 나무이며(마 21:19), 열매 없이 입만 무성한 나무는 마치 가인(Cain)과 같이 입으로만 고백하는 종교인들을 대변하고 있습니다(창 4:1-16). 가인은 자기 스스로의 힘만으로 의롭게 될 수 있다고 생각하고 애를 썼기 때문입니다(롬 10:1-10 참조). 무화과나무 잎을 엮어 치마를 만든 이후의 사람들은 하나님으로부터 숨는 일(창 3:8), 자기 잘못을 남에게 전가시키는 일(창 3:12-13) 이외에 자기의 흠을 덮어버리는 행위를 즐겨 하고 있습니다. 하나님의 의는 자신의 노력 대신 주께서 이룩하신 피의 속죄(창 3:21)를 신뢰하는 자들에게 주어지는 것입니다(롬 5:1-8, 행 20:28).

영어로 성지를 팔레스타인(Palestine)이라 부르는 것은 기원전 5세기 '역사의 아버지'라 일컬어지는 그리스의 헤로도토스가 팔레스티네(Palaistine)라 한 것에서 비롯된 것이라 합니다. 팔레스타인의 계절은 비 한 방울 안 내리는 더운 여름인 5월부터 10월까지와 비가 내리고 썰렁한 겨울인 11월부터 4월까지의 둘로 나눕니다. 이른 비는 10월부터 1월까지, 늦은 비는 2월부터 4월까지 내립니다. 비가 제일 많이 내리기는 12월부터 1월입니다. 브엘세바 남쪽 네겝 사막지역에서는 이슬이 농사에 큰 도움이 되고 있습니다.

무화과나무는 팔레스타인 이 끝에서 저 끝까지 없는 곳이 없으며 특히 언덕지대에 많이 자라고 있습니다. 무화과나무는 가을에 잎을 내고 봄에 꽃을 피우며 '이른 무화과'는 3월에 열리기 시작하여 5월에 익습니다(사 28:4). 새가지에 열리는 '늦은 무화과'는 늦은 여름에 익으며 8월 중순부터 10월까지 수확합니다. 무화과(無花果)는 꽃 없이 열매를 맺는 과실이라는 뜻이지만 식물학자들의 보고에 의하면 꽃이 열매를 맺을 때 속으로 숨겨지기 때문에 사람의 눈에 보이지 않게 된다고 합니다. 사람이 심지 않고 저절로 난 무화과나무는 열매를 맺지 않기 때문에 농부들이 '숫나무' 또는 '들나무'라 부릅니다.

무화과는 예레미야 24장과 호세아 9장 10절에서 유대민족을 상징하고 있는데 예레미아 24장에서 '선한 무화과'는 포로로 잡혀간 유대인들을 상징하고, '악한 무화과'는 시드기야와 그의 방백들, 그리고 예루살렘에 머물러 있던 남은 자들과 애굽으로 도망친 유대인들을 나타내고 있습니다(렘 29:17 참조). 미가 7장 1-6절은 이스라엘에서 의로운 사람을 하나도 찾지 못하고 타락한 부패상만 보게 되는 것을 애통해 하고 있습니다. 특히 랍비들은 "재앙이로다… 내 마음에 사모하는 처음 익은 무화과가 없도다"(미 7:1)라는 구절을 국가적 위기에 자주 인용했습니다.

주께서 무화과나무를 저주하신 일(마 21:18-20, 막 11:12-14, 20-21)은 유대민족의 열매 없는 상태에 대한 심판을 상징하며 그때에 있었던 성전 정화사건과 일치됩니다. 주께서 찾으신 것은 풍성한 '늦은 무화과'가 있을 것을 보증할 수 있는 '이른 무화과'였으며 그 '이른 무화과'를 찾지 못하고 유대인들에게 장차 열매를 기대하지 못했기 때문에 저주한 것입니다. 누가복음 13장 6-9절에서 무화과나무를 손질해 주면서 3년간 열매를 기대했으나 얻지 못하고도 이스라엘이 열매를 맺을 최종적인 기회를 준 이야기는 무화과나무를 저주하기 이전 시기에 위치합니다.

밀턴(John Milton)의 「실락원」(*Paradise Lost*)은 창세기 3장의 인류 타락 기사를 소재로 하여 개신교, 특히 청교도 사상을 승화시킨 서사시입니다. 사람들이 우거진 숲과 맑은 생수를 품고 있는 푸른 산을 즐겨 찾는 것은 죄로 인해 잃어버린 동산을 그리워하는 마음을 지녔기 때문일 것입니다. '선악을 알게 하는 나무' 가지 아래에서 승리한 사단은 갈보리 십자가 아래서 패배했습니다. 에덴동산에 옮겨 심겨진 새 예루살렘의 '생명나무'(계 22:2) 밑에 이를 때 우리는 무화과를 비롯한 모든 과실을 풍성히 누릴 것입니다.

풍성한 열매를 맺는 감람나무

하나님의 집에 있는 푸른 감람나무 같음이여(시 52:8)

우리는 성경에서 이스라엘을 상징하는 세 가지 나무, 곧 포도나무와 무화과나무 그리고 감람나무를 발견할 수 있습니다. 성경에서 비록 포도나무와 무화과나무가 자주 나오지만 감람나무가 실제로 많기 때문에 모세는 팔레스타인을 감람 기름의 땅이라 했습니다(신 8:8). 팔레스타인의 감람나무는 메마른 땅에서 자라기 때문에 키가 작고 억세며 옹이투성이요 잎이 은회색입니다. 감람나무(olive tree)는 3년쯤 되어 접을 붙인 후 한 4년 지나면 열매가 달리기 시작해서 15년쯤부터 많이 열리는데, 굉장히 오래 산다고 합니다.

다윗은 자신을 하나님 앞에서 번영을 상징하는 푸른 감람나무에 빗대어 "나는 하나님의 집에 있는 푸른 감람나무 같음이여 하나님의 인자하심을 영원히 의지하리로다"라 했습니다(시 52:8, 참조 호 14:6). 곧 다윗시대에 성막 뜰 안에서 감람나무를 키웠다고 볼 수 없으므로 하나님의 집 안에 있는 자기 자신을 감람나무로 비유한 것입니다. 실제로 감람나무의 잎들은 밝고 생기 있는 푸른 색이 아니라 어둡고 누르스레한 색깔이기 때문에 '푸른 감람나무'는 풍성한 열매를 맺는 감람나무를 뜻합니다. 우리도 자기 중심적인 생각을 버리고 오직 그리스도 안에 있는 하나님의 은혜만을 의지해야 합니다.

'성전에 올라가는 노래' 라는 머리말이 붙어 있는 시편 128편은 하나님이 축복하신 즐거운 가정(sweet home)을 송축한 시입니다. 시편 기자는 시편 128편 3절에서 아내와 식탁을 두른 자녀를 결실한 포도나무와 어린 감람나무로 비유하고 있습니다. 오래된 중심의 감람나무는 그 뿌리에서 자라난 어린 감람나무 가지에 둘러싸여 있을 때 아름답습니다. 감람산 중턱의 저 유명한 겟세마네 동산에 서 있는 여덟 그루의 감람나무 고목들은 피땀 흘리면서 기도하시던 주님의 모습을 지켜본 나무들의 그루터기에서 새 순이 자란 것으로 보고 있습니다.

감람산(Mount of Olives)은 기드론 골짜기 건너편 예루살렘의 동쪽에 감람나무들이 자라고 있는 산마루입니다(삼하 13:30, 왕하 23:13, 겔 11:23). 이 산은 안식일에 성전 언덕에서 걸을 수 있는 거리이며(행 1:12) 주께서 자주 오르셔서 기도하신 곳입니다(요 7:53, 8:1). 이 산의 밑에 동쪽으로부터 예루살렘으로 들어가는 길이 주께서 종려주일에 사용하신 바로 그 길입니다(마 21:1). 그 길 위에는 주께서 성전이 무너뜨려질 것(마 24:1-3)을 슬퍼하신 곳과 제자들에게 기도를 가르치신 곳도 있습니다(눅 11:1-4). 또 감람산은 주께서 가룟 유다가 인솔해 온 자들에게 잡히신 산이요 부활 후 승천하신 산이기도 하며(눅 24:50-51, 행 1:12) 또 재림하실 곳으로도 보고 있습니다(슥 14:4, 행 1:11).

요한계시록 11장 4절에서 "주 앞에 서 있는 두 감람나무와 두 촛대"는 스가랴 4장 2-14절을 인용한 것이며 하나님의 능력의 통로인 스룹바벨과 여호수아의 지도력을 뜻합니다. 곧 성령의 능력 안에서 그들의 증거가 세상에 하나님의 뜻을 성취하는 능력의 통로가 된다고 본 것입니다. 또 로마서 11장 17-24절에서 사도 바울은 꺾여진 참감람나무 가지인 이스라엘 백성 대신 돌감람나무 가지인 이방인 신자들이 접붙임을 받아 영양 많은 참감람나무 뿌리에 동참케 되었지만, 하나님의 인자하심에 머물지 않으면 이방인 신자들도 찍혀버린다고 경고하고 있습니다.

성전에서는 가장 좋은 감람유만 사용했습니다(출 27:20, 레 24:2, 왕상 5:11). 성막과 그곳에서 사용되는 모든 기구(출 30:22-29), 제사장(레 8:12), 왕(왕상 16:13)과 선지자(왕상 19:16)에게는 기름을 부어 성별했습니다. 그리스도인들도 그들의 소명을 위해 성령의 기름 부음을 받았습니다(고후 1:21-22, 요일 2:20,27). 그리스도(Christ)는 '기름 부음을 받은 이'를 뜻하는 메시아(Messiah)에 상응하는 헬라어 크리스토스(Christos)에서 유래되었습니다. 또 크리스토스는 크리오(Chrio, 기름 바르다)에서 비롯된 것입니다.

감람산 서쪽 기슭에 있는 겟세마네 동산은 주께서 피땀을 흘리시며 기도하신 곳입니다(마 26:36-46). 겟세마네(Gethsemane)는 아람어 '갓셰마네'의 음역(音譯)이며 갓(짠다)과 셰마네(기름), 곧 '기름 짜는 틀'(oil press)을 뜻하기 때문에 주님의 그 피땀이 우리를 그리스도인 되게 한 기름이 되었다고 할 수 있습니다. 또 로마서 11장 17-24절에서 사도 바울의 비유는 실제로 재배되는 감람나무 가지가 오히려 야생 감람나무에 접붙여지는 것이 보통이므로 반론이 있을 수 있으나, 이방 그리스도인들이 이스라엘을 복음화할 때 빚도 갚고 반론도 해소될 수 있습니다(롬 10:19, 11:11, 14 참조).

바다와 파도의 성난 소리

주께서 바다의 파도를 다스리시며
그 파도가 일어날 때에 잔잔하게 하시나이다(시 89:9)

"온 바닷물을 다 켜야 맛이냐"라는 속담이 있습니다. 욕심의 끝이 한이 없거나, 무슨 일의 끝장을 꼭 봐야겠다는 듯이 못된 버릇에서 손을 놓지 못하는 사람들에게 하는 말입니다. 야고보도 "욕심이 잉태한즉 죄를 낳고 죄가 장성한즉 사망을 낳는다"고 하였습니다(약 1:15). 죄가 관영하여 극에 달하면 필연적으로 사망에 이르는데, 그것은 하나님께로부터 멀어질 때 이미 영적 사망이 잉태되었기 때문입니다(롬 6:23).

고대인들은 물이 생명을 주고 해갈을 시켜주는 은혜로운 힘을 갖고 있지만 두렵고 위협적인 힘이기도 한 양면성을 갖고 있는 것으로 생각했습니다. 성경에서도 물은 인간 생활에 필요할 뿐 아니라(레 26:4), 두서운 홍수의 재앙이 되기도 했습니다(창 7:11 이하, 마 7:25,27). 고대 사회에서 물은 귀신들의 활동 영역으로 보고 병을 고친다거나 귀신 쫓는 마술에 동종 요법(同種 療法)을 사용하기도 했습니다. 곧 재앙을 주는 귀신들을 물리칠 때는 그들이 사용하는 무기로 싸우는 것입니다. 그러므로 귀신을 쫓는 정화와 치유를 위해 목욕재계(沐浴齋戒)에 쓰는 물은 고여 있는 연못의 것보다 살아 흐르는 물이었습니다.

히브리어에서 '바다', '대양'을 뜻하는 '얌'(yām)은 서쪽을 가리키는 말
이기도 한데 지중해(the Mediterranean)가 팔레스타인의 서쪽 경계이기 때문
이었습니다(창 12:8). 또 대해(the Great Sea, 민 34:6, 겔 47:10)와 어떤 바다라는
말이 없을 때도 지중해를 가리켰습니다(수 24:6, 대하 20:2). 사해(Dead Sea)는
염해(Salt Sea, 창 14:3), 아라바(Arabah, 신 3:17) 또는 동해(the east sea, 겔 47:18)
라 불리기도 했고 소금기가 없는 갈릴리 호수(the Sea of Galilee)도 긴네렛 바
다(the Sea of Chinnereth, 민 34:11)라 했습니다. 그리고 '이바다에서 저 바다까
지' (암 8:12)는 땅 끝까지를 뜻했습니다.

바다를 뜻하는 히브리어 '얌'은 70인역성경에서 헬라어 달랏사(θάλασσα)
로 번역되고 있습니다. 시편 89편은 한 신자가 큰 재난을 당하여 하나님이
그의 백성과 맺으셨던 언약을 아뢰면서 신실하신 주께서 구원해 주실 것을
간구하는 장엄한 언약시(covenant psalm)입니다. 제목의 '에단'은 다윗의 노
래 지도자 중 한 사람입니다(대상 15:17). 에단은 언약의 약속과 소망이신 하
나님의 속성을 열거하면서 기도의 응답을 받으려고 애쓰고 있습니다. 시편
89편 9절에서 거품을 일으키며 달려들던 홍해의 파도는 하나님의 권능의
힘으로 곧장 멈춰버렸고 사나운 풍랑을 잔잔케 하셨습니다.

대양과 마찬가지로 갈릴리 호수도 마귀의 힘에 지배되고 있었는데 심한
폭풍으로 주 예수의 제자들을 해치려 할 때 풍랑조차 잠잠케 하신 주님의
권위 있는 말씀에 복종케 되었습니다(마 8:23-27). 주께서 물 위를 걸으신 것
도 마귀의 힘에 대한 승리로 이해됩니다(마 15:25, 참조 마 9:32). 누가도 종말
론적인 혼돈의 세력들 가운데 '바다와 파도의 성난 소리'를 소개할 때 묵시
론적인 전통을 계승하고 있습니다(눅 21:25). 곧 주께서 재림하실 때 천체가
흔들리고(마 24:29), '바다와 파도의 성난 소리'로 인하여 자연이 혼란한 상
태로 변할 때 민족들이 곤경에 처할 것입니다(벧후 3장).

주께서 재림에 대해 말씀하신 것을 사도 요한은 종말에 대한 환상을 통해

서 보고 계시록에 기록하고 있습니다(계 6:12-14). 요한계시록은 특히 유대 묵시적인 전통을 계승하여 바다를 마지막 날에 정복되어야 할 인격적 세력으로 생각하고(계 7:2 이하), 음부(하데스)와 마찬가지로 죽은 자들을 내어주고 (계 20:13), 마침내 존재할 가치를 상실하게 될 것입니다(계 21:-). 하나님은 종말의 때에 물을 마시는 축복을 제한할 수도 있고(계 8:10-11), 강과 물의 근원을 처리할 수 있습니다(계 16:4). 그러나 주께서 주시는 물을 마시는 자는 영원히 목마르지 아니하고 영생하도록 솟아나는 샘물이 되어 흐를 것입니다 (계 2:6, 요 4:14).

뜻 있는 생애를 살려는 그리스도인들은 믿음이 없는 자들을 본 받지 않습니다. 그들은 속된 무리와 어울리지도 아니하고 일확천금(一攫千金)의 요행 '을 노리는 마음을 품지도 않습니다. 그리스도인이 오로지 마음에 간직할 것은 하나님의 뜻이어야 하고 모든 일마다 주의 뜻을 따라 결단해야 합니다. 세상 욕심에 사로잡힌 자들과 나라는 그렇지 못하니 나침반과 동력을 잃고 폭풍우와 풍랑에 휩싸여 표류하고 있는 배와 같습니다. 아우구스티누스 (Augustinus)는 그의 『신국론』에서 "정의가 없는 왕국이란 거대한 강도떼가 아니고 무엇인가?"라고 묻고 있습니다(신국론 4.4).

9장 의롭게 된 자 인물

가장 자유로운 왕과 제사장

1517년 10월 31일은 마르틴 루터(Martin Luther, 1484-1546)가 로마 카톨릭이 판매하던 면죄부의 효력을 비판하는 95개조의 항의문을 독일의 비텐베르크(Wittenberg)에 있는 성문교회의 정문에 붙임으로써 종교개혁의 횃불(torch light)을 든 날입니다. 프로테스탄트(protestant) 곧 '항의자들'의 후예인 우리들은 10월을 종교개혁운동의 숭고한 정신을 되새기는 기간으로 기념하면서 우리들의 믿음과 부조리한 현실에 이의를 제기하여 바로 잡는 정신(protest spirit)을 새롭게 가다듬었으면 합니다.

루터가 제기한 종교개혁의 대명제는 '오직 믿음으로'(Sola fide), '오직 성경만으로'(Sola Scriptura), '오직 은혜만으로'(Sola gratia)와 '만인제사장'(Allgemeines Priesterurn)의 원리 등으로 요약됩니다. 사제(司祭), 곧 성직의 권위가 절정에 이르러 평신도(Lay 또는 Laity)와의 사이를 완전히 이원화(二元化)시킨 절대군주적인 교회로 제도화되고 베드로 사도의 후계자라고 고집하는 교황은 섬김과 봉사를 외면한 채 절대적인 통치와 지배관계에서 하나님의 영광을 감히 대리하는 자로 군림하였습니다. 이때에 루터의 '오직 성경만으로'의 명제와 '만인제사장'의 신학은 주님의 교회를 복음에 적합한 교회로 개혁시킬 수 있었으며 새로운 개혁교회를 이룩하는 데까지 발전시켰습니다.

　루터의 종교개혁은 로마 카톨릭의 교권주의에 대하여 그리스도인의 자유를 주장하는 것에서 시작되었습니다. 그리스도인은 카톨릭교 법황의 명령과 교회의 결의에 대해 비판할 수도 없고 절대적인 복종만을 강요당하였으므로 신앙적인 비판이나 양심적인 거부가 전혀 허용되지 않았기 때문입니다. 루터는 카톨릭 교회의 법황이나 신부들의 중재(intercede) 없이 개인이 직접 그리스도를 믿으면 구원되므로 그리스도의 말씀과 명령을 양심적으로 준행해야 한다고 역설했습니다. 그것은 주께서 '우리를 위하여 자신을 버리사 향기로운 제물과 희생제물로'(엡 5:2) 하나님께 드리심으로써 왕과 선지자와 제사장의 직책을 한 몸에 지니시고 온전하게 실행하시게 되셨는데 주님은 구약의 제사장과는 달리 죽지 않으시고 영원히 사시며 우리를 위해 간구하시는(히 7:25) 변치 않는 영원한 제사장이 되셨기 때문입니다(히 7:28).

　루터는 담대하게 베드로전서 2장 9절의 "오직 너희는 택하신 족속이요 왕 같은 제사장들이요 거룩한 나라요 그의 소유가 된 백성이니"(출 15:5-6, 사 61:6, 계 1:6, 5:10, 20:6)라는 말씀의 뜻을 강조하면서 사제(司祭)제도의 붕괴를 뜻하는 '만인제사장론'을 주장하였고 베드로의 후계자라 주장하는 교황을 정점으로 하는 피라미드형의 조직을 거부하면서 성직자와 평신도를 차별하는 이중적인 윤리관을 전면적으로 부정하였습니다.

　루터는 1520년에 발표한 소위 종교개혁의 3대 논문, 곧 「독일 귀족에게 드림」, 「교회의 바벨론 포로」와 「그리스도인의 자유」에서 한결같이 "모든 그리스도인은 성직자이며 그들 사이에 직무 때문에 차별이 있어서는 안 된다."고 하였습니다. 교회는 고린도전서 12장의 말씀과 같이 구성원 각자가 받은 은사(charisma)를 최대한 발휘하고 주의 몸 된 교회를 섬기면서 하나님께 영광을 돌려야 합니다.

루터는 위의 「그리스도인의 자유」라는 글에서 "우리는 왕 중에서도 가장 자유로운 자들일 뿐만 아니라 언제나 제사장들이기도 하다. 이것은 세상의 왕이 되는 것보다 훨씬 더 훌륭한 일이다. 그것은 제사장으로서 우리는 하나님 앞에 나가 다른 사람들을 위하여 기도하고 서로 거룩한 일들을 가르칠 자격이 있기 때문이다."라고 쓰고 있습니다(16항).

교회는 말씀 선포(케리그마), 교육(디다케)와 친교(코이노니아)를 위해 모이고 (ecclesiastical body), 부르심에 응답하여 세상을 향한 봉사(디아코니아)와 선교하기 위한 흩어짐(diaspora)으로 이해됩니다. 따라서 교역자는 기도하는 일과 말씀을 섬기는 일에 헌신하여(행 6:4), 선포되는 말씀이 예배당 안에서만 맴돌다 사라지는 것이 아니라 세상으로 흩어져 나가는 성도들을 통해 어둠 속에 빛으로 전파되도록 섬겨야 합니다.

성령 충만한 교역자와 교인들이 함께 일하는 역동적인 교회(dynamic church)가 되어야 합니다. 이를 위해 사회 각 분야에 종사하는 모든 평신도들이 주의 군병(milites Christ)으로 참여하는 평신도 부흥운동(Lay Renaissance)을 힘차게 전개하여 스데반, 빌립, 뵈뵈, 루디아와 같은 새로운 평신도상을 이루어야 합니다.

오래 참으시는 하나님의 은혜

미리 정하신 그들을 또한 부르시고
부르신 그들을 또한 의롭다 하시고(롬 8:30)

마르틴 루터와 쌍벽을 이루는 종교개혁자 존 칼빈(John Calvin, 1506-1564)은 본래의 프랑스 이름 쟝 꼬뱅(Jean Cauvin)을 라틴화한 것이며 여러 대학에서 신학과 법학 및 고전을 섭렵하여 수많은 신학저술들과 성서주석을 남겼습니다. 1533년에 파리대학 총장이 된 친구 니코라 꼬(Nicolas Cop)의 취임사 작성에 협력한 것에 연좌되어 피신생활이 시작되었고 1535년 26세 때 그의 대표작인 『기독교강요』(Institutio Religionis Christianae) 초판을 저술하고 계속 개정 보완하여 1559년에 모두 4권으로 된 방대한 최종판(8판)을 완성했습니다. 그가 스위스 제네바에서 철저한 신정정치를 통하여 빌헬름 파렐(Wilhelm Farel)과 함께 시행한 개혁교회는 유럽 각지에 영향을 주었고 제네바에서 이루어진 장로정치는 존 낙스(John Knox)를 통하여 1559년 스코틀랜드에서 시작된 장로교회의 모델이 되었습니다.

칼빈 신학의 추종자들이 주로 『기독교강요』에 근거하여 체계화한 소위 칼빈주의 5대 교리는 머리문자를 놓을 때 튜립꽃(TULIP)이 되는 아래와 같은 내용으로 요약됩니다.

첫째, 전적인 부패(total depravity)는 인간이 에덴동산에서 타락했을 때(창

3장) 인간이 전적으로 무능력하게 된 것을 뜻합니다(롬 5:12, 엡 2:1).

둘째, 무조건적 선택(unconditional election)은 전적으로 무능력하게 된 인간은 스스로 구원할 수 없으므로 하나님께서 자기 백성을 주권적으로 선택하신다는 의미입니다(신 7:7, 암 3:3, 롬 8:29, 엡 2:10 등).

셋째, 제한된 속죄(limited atonement)는 하나님께서 그리스도 안에서 택하신 자들(엡 1:4)과 세상에서 그리스도께 주셨던 자들(요 17:6)만을 구원하기 위해 주께서 십자가를 지셨다는 주장입니다. 이러한 그리스도인만이 누리는 은혜를 선택하시는 은혜(electing grace)라 합니다.

넷째, 불가항력적 은혜(irresistible grace)는 신앙을 고백한 지체들의 모임에 단순히 참여한 것에 불과한 '외적인 부르심'을 받은 자의 은혜가 아니고 성령께서 성도의 내면에서 역사하시어 불가항력적으로 그리스도께 연합되어 거듭나는 효과를 거두신 '유효한 부르심'(effectual calling)을 받는 은혜를 가리킵니다(롬 8:14 등).

다섯째, 성도의 견인(堅忍)(perseverance of the saints)은 성도들이 받은 '유효한 부르심'의 은혜를 궁극적으로 유지하신다는 뜻입니다(빌 1:6, 요 6:39). 특히 종교개혁자들은 "또 너희가 내 이름으로 말미암아 모든 사람에게 미움을 받을 것이나 끝까지 견디는 자는 구원을 얻으리라"(마 10:22)는 주님의 말씀에 주목합니다. 하나님은 지금 우리가 서 있는 여기에 으리를 부르셨고 언제나 동일한 은혜, 곧 오래 참으시는 은혜(persevering grace)로 모든 성도들을 주님의 영광으로 이끄실 것이기 때문입니다.

칼빈은 예정에 관한 가르침으로 유명하며 『기독교강요』에서는 예정에 관하여 3권의 마지막 부분에서 진술되고 있습니다. 칼빈주의자들이 즐겨 사용하는 로마서 8장 29-30절에서 1. 미리 아신 자를 2. 예정하여 3. 부르시고 4. 의롭게 하시며 5. 영화롭게 하신다는 소위 황금사슬(golden chain)에 아래의 3개를 추가한 8개 과정을 또 신학자들은 구원의 순서(Ordo Salutis)라 부르고 있습니다.

하나님께서 구원하시려는 특정인을 선택(예지: foreknowledge)하고 각자의 소명이 미리 정해진(예정: predestination) 자를 성령께서 구원으로 이끄시고 (유효한 부르심: effective calling), 영적으로 거듭나게(중생: regeneration, be born again) 하신 후 죄에서 돌이켜 주를 믿어(회개와 믿음: repentance and faith) 예수 그리스도로부터 구속(redemption)의 은혜를 받은 자들을 아버지 하나님이 의롭다 하시고(칭의: justification) 주 안에서 점차 거룩해져서 많은 선한 일을 하며(성화: sanctification), 언제나 죄 없으신 그리스도의 형상을 닮아 가는 (영화: glorification) 과정을 말합니다.

최후의 청교도로, 최고의 설교자로 불리우는 찰스 스펄전(Charles Haddon Spurgeon, 1834-1892)은 위에서 설명한 칼빈주의 5대 교리를 십자가를 빛나게 해 주는 5대 등불로 생각한다면서 "나는 칼빈주의라는 별명이 붙어있지만 진실로 그리스도 예수 안에서와 동시에 하나님으로부터 계시된 진리임이 확실한 저 강력한 옛 교리를 기쁜 마음으로 선포한다"고 말했습니다. 우리 모두의 외침도 이와 같기를 바랍니다.

의롭게 된 자의 성령 충만

성령이 친히 우리의 영과 더불어
우리가 하나님의 자녀인 것을 증언하시나니(롬 8:16)

17세기부터 영국에는 자본주의 발전에 불가결한 정금(正金)이 아메리카에서 유입되는 반면 그 곳의 식민지들에게는 일용물품, 특히 모직물과 각종 기구가 조달되어야 했습니다. 따라서 모직물공업(毛織物工業)이 번창하게 되어 "양(羊)의 발(足)이 모래(沙)를 황금으로 변화시킨다"라는 말이 유행될 정도로 양을 치기 위해 농지를 수탈하여 울타리로 둘러치는 운동(enclosure movement)이 일어나 소수의 선택된 양치기와 가내(家內)공업의 임금노동자만 남고 모두 내몰리게 되었습니다. 곧 먼(Thomas Mun, 1571~1641)의 말과 같이 순박한 양들이 불쌍한 농민을 삶터에서 내몰은 비참한 농민들의 출애굽(rural exodus)이 전개된 것입니다.

시골에서 도시로 무작정 몰려든 대중의 많은 수의 사람들은 알코올 중독에 빠져 국가의 안녕을 크게 해치게 되었습니다. 18세기 초의 영국교회는 신·구교를 막론하고 신학사상의 둔화로 정신적인 동력을 잃고 일반적인 도덕도 매우 퇴폐화되었습니다. 교회에서 행해지는 설교도 도덕적인 강연과 구별하기 어려워져서 대중의 신앙적인 열망을 결코 충족할 수 없는 것이었습니다.

존 웨슬리(John Wesley, 1703-1791)와 그의 동료들은 예수 그리스도를 믿는 믿음으로 구원 받는다는 메시지를 전하기 시작하여 소망을 잃은 대중에게 그들이 갈망하던 감성적인 정열과 마음에서 솟아나는 믿음을 회복시켜 주었습니다. 그러나 이러한 부흥운동은 영국교회(Anglican Church)의 강단에서 환영 받지 못했습니다. 그것은 대부분의 성직자들이 열매 맺지 못하는 도덕만을 강조하는 테두리를 거의 벗어나지 못했기 때문입니다.

존과 찰스(Charles) 웨슬리 형제와 휫필드(George Whitefield, 1714-1771)는 그들에게 강단이 폐쇄되자 1730년대에 복음을 노천에서 전파하기 시작하여 영국 전역을 순회하면서 영적 부흥운동을 펼쳐 나갔습니다. 특히 존 웨슬리는 직접 말을 타고 매년 한 해에 약 8,000km라는 긴 전도여행을 하여 "하나님의 기수(騎手)"라 불리었습니다. 많은 도시에서 몰려온 놀라운 숫자의 사람들이 회심(conversion)하게 되었고 영국 국교회에 대한 저항으로 이들이 분리되어 1740년, 감리교회(Methodist Church)를 창설하게 되었습니다. 감리교도 곧 메소디스트(methodist)라는 용어는 옥스퍼드에서 웨슬리의 동료학생들이 1729년에 조직한 '성스러운 클럽'(Holy Club)이 규칙적으로 모여 성경공부와 기도에 힘쓰는 것을 보고 다른 학생들이 풍자하여 부른 이름이었습니다.

청교도들(Puritans)은 칼빈주의에 속하는 반면 감리교도는 루터에 속하고 그의 경건주의 전통을 잇고 있습니다. 웨슬리의 신학은 만민의 구원과 성화(聖化)의 생활로 요약됩니다. 존 칼빈은 그리스도 안에서 택하신 자들(엡 1:4), 곧 세상에서 그리스도께 주신 자들(요 17:6)만이 구원된다는 주장에 반하여 존 웨슬리는 알미니우스(James Arminius, 1560-1609)의 주장과 같이 하나님의 은혜로 모든 사람이 다 구원 받는다고 했습니다. 또한 루터가 믿음으로 말미암아 의롭게 된다는 것에 대해 웨슬리는 의롭게 된 자가 성령 충만하여 성화의 생활을 유지해야 한다고 역설했습니다.

칼빈주의자인 조지 휫필드와 조나단 에드워즈(Jonathan Edwards, 1703-1753)는 아메리카 13개 식민지 전역에 큰 영향을 미친 소위 제1차 대각성(the Great Awakening) 부흥운동(1740-1742년)을 전개했고 이것은 영어권 전역에 대부흥의 신호탄이 되었습니다. 1744년의 메소디스트 제1회 총회에서 조지 휫필드 등의 칼빈주의 메소디스트의 분리가 있었습니다.

존 웨슬리의 동생인 찰스 웨슬리(Charles Wesley, 1707-1788)는 찬송가를 통해 복음을 전하지 않고는 견디지 못하는 정열과 마음의 성화를 기원하는 열의를 보여주고 있습니다. 우리나라 찬송가에도 14편(16, 23, 26, 45, 105, 126, 154, 161, 269, 280, 338, 372, 441, 527장)이 수록되어 있습니다.

웨슬리 등의 부흥운동은 영국에서 모든 교회는 물론이고 교회 밖의 하층계급에도 복음을 접하게 함으로써 영국사회 모든 계층에 영향을 미쳤고 국가 사회의 도덕적 분위기를 현격하게 쇄신시켰습니다. 그들의 이러한 신앙 부흥이 없었더라면 영국인들도 프랑스 혁명과 같은 격랑을 면치 못하였을 것이라는 평이 있습니다. 이제 이 땅에서도 웨슬리의 후예들이 모두 대각성하여 떨쳐나설 때라 생각합니다.

종교개혁의 선구자들

오직 의인은 믿음으로 말미암아 살리라(롬 1:17)

매년 10월의 마지막 주일은 종교개혁주일로 지킵니다. 마르틴 루터 (Martin Luther, 1483–1546)가 면죄부(indulgences) 판매로 일어난 소동에 대한 유명한 항의, 곧 1517년 10월 31일의 95개 조항을 발표했기 때문입니다. 95 개 조항의 내용을 요약하면 고해(告解)의 원뜻은 신부에게 고백하는 데 있지 않고 회개에 있다는 것, 육체의 고행은 내적인 회개가 수반되지 않을 경우 소용없는 행위일 뿐이라는 것, 오직 그리스도의 공로만이 죄를 사하는 데 효력이 있으며 '교회의 보물'은 그리스도 안에 있는 하나님의 은혜의 복음 이라는 것 등입니다.

루터는 당시 교회를 분열시키려는 생각을 전혀 하지 않았고, 교회를 개혁 하려는 열망과 그것은 사도적 기반에서 출발한다는 확신이 있었습니다. 루 터의 십자가 신학은 사도 바울의 사상에 의거하여 '오직 믿음'(sola fide), '오 직 은혜'(sola gratia), '오직 성경'(sola Scriptura)을 옹호하면서 여기에 만인제 사장(Allgemeines Priesterturn)의 원리를 추가한 4대 명제를 핵심으로 하고 있습니다. 95개 조항 중에서도 "교회의 진정한 보물은 하나님의 영광과 은 혜의 증언인 가장 거룩한 복음이다"라고 한 62번째 조항이 가장 주목되고 있습니다.

종교개혁은 유럽의 불안정과 변화를 배경으로 하여 일어났습니다. 정치적으로는 교황의 특권과 이에 도전하는 국민국가가 출현하였고, 경제적으로는 수탈 당하는 농민들의 불만이 팽배된 시기였습니다. 또한 상업의 발달에 따른 화폐경제의 회복과 도시의 성장에 따른 중산계층이 점증하여 정치적 긴장이 고조된 시기였습니다. 또 14세기에 이탈리아에서 인문주의(humanism)로 알려진 고전문헌연구에 대한 새로운 관심과 더불어 시작된 르네상스(the Renaissance)는 새로운 문화적 성취와 표현의 시대를 전개했을 뿐만 아니라 광범위한 지적 불안정의 시대를 열었습니다.*

이탈리아에서 일어난 이 고전의 부흥은 하나님과 미래 세계에 초점을 두지 않고 인간과 현재의 물질적인 세상에 대한 인간의 관계에 초점을 맞추어 높은 문화적 성취를 이루었습니다. 그러나 15세기와 16세기 초에 르네상스가 알프스산맥을 넘어 북쪽에 이르렀을 때 운동의 성격과 강조점이 보다 종교적인 것으로 바뀌어 신약성경과 교부들의 작품과 같은 고전에 관심을 기울이는 한편 로마 카톨릭 성직자의 부패를 비판하면서 교회 개혁을 요청하는 츠빙글리, 칼빈 등과 같은 많은 젊은 인문주의자들이 개신교 측으로 넘어왔습니다.

취리히의 츠빙글리(Ulrich Zwingli, 1484-1531)는 부분적으로 루터의 종교개혁에서 영향을 받고 또 부분적으로는 성경에 대한 자신의 통찰력에서 지침을 얻어 스위스의 한 주(canton)에 종교개혁을 일으켰고 점차 독일어권 스위스 지역을 거쳐 서쪽으로 확산시켰습니다. 유아세례의 폐지를 주장한 재세례파(Anabaptists)는 그레벨(Conrad Grebel)과 만츠(Feliz Manz)의 지도하에 분

---

* 르네상스는 재생(再生)을 뜻하는 프랑스어에 어원을 두고 있음.

리되었고 침례교(Baptists), 메노파(설립자 Menno Simons), 슈벵크펠트파(설립자 Kaspar von Ossig Schwenkfeld)의 조상들이 되었습니다.

프랑스 종교개혁자인 파렐(Guillaume Farel 1489-1565)은 1535년에 제네바에 종교개혁을 받아들였고, 1536년 칼빈(John Calvin 1509-1564)을 설득하여 제네바에서 사역하게 하였습니다. 칼빈의 주저인 『기독교강요』(Institutes of the Christian Religion, 1536년 6장짜리 책이 1559년 79장 4권 책이 됨)는 루터교가 지배한 나라 외의 지역에서 종교개혁의 조직신학을 형성했고 칼빈주의(Calvinism)는 16세기 중반에 제네바가 루터가 있었던 비텐베르크를 대신하여 프로테스탄트 세계의 중심지가 되었습니다.

녹스(John Knox, 1514-1572)는 칼빈이 제네바에서 보인 모범에 감명을 받아 장로교 체계와 칼빈주의 신학에 입각하여 1560년에 스코틀랜드국교회(Church of Scotland)를 수립하였습니다. 녹스의 후계자 멜빌(Andrew Melville, 1545-1622)은 1578년에 '장로회 대헌장'이라고도 하는 제2 치리서(Book of Discipline)의 승인을 이끌어 냄으로서 "장로교의 아버지"라 일컬어지고 있습니다.

영국국교회(Church of England)도 영국의 기독교 인문주의자들, 외국에서 수입된 루터와 칼빈의 사상을 기반으로 새로운 모습을 갖추게 되었습니다. 16, 17세기에 로마 카톨릭교회 내부에서 일어난 개혁과 선교 확대를 위한 반동종교개혁(counter-reformation)은 크고 작은 성공을 거두면서 계속되고 있고 제2차 바티칸공의회도 쇄신운동으로 이해됩니다.

10장 어둠에서 빛으로 절기

그분의 길을 예비하라

아멘 주 예수여 오시옵소서(계 22:20)

교회력은 대강절(待降節, Advent)에서 시작합니다. 기다림은 주께서 마침내 도착하실 때 우리가 지체 없이 마음의 문을 열어드리고 그 분의 임재를 누릴 수 있도록 준비시키는 데 그 목적이 있습니다. 깨어 기다리다 보면 이윽고 동이 트기 시작할 무렵에 그리스도의 평화와 빛이 우리의 마음 속으로 소리 없이 스며들어서 모든 감각을 충만하게 채워주실 것입니다.

대림시기는 새 생명이 알려지기 시작하는 잉태시기와 같습니다. 촛불을 하나씩 켜가는 대강절이 진행됨에 따라 성탄의 빛은 우리 각자 안에서 자라나 마음의 눈을 밝혀줌으로써 우리 각자의 부르심의 소망이 무엇인가를 깨닫게 합니다.

대강절을 뜻하는 영어 단어 'advent' (애드벤트)는 장소부사어인 아드(ad, 움직임의 도달점인 에, 으로, 에게로)와 베니레(venire, 가다, 오다)라는 두 개의 라틴어가 합쳐진 아드벤투스(Adventus), 곧 '오다' (to come to)를 뜻하는 말에서 유래되었습니다. 아드벤투스는 헬라어 '에피파네이아' (ἐπιφάνεια, 나타나심)와 똑같은 의미를 갖습니다. '에피파네이아' 는 주님의 나타나심을 표현하는 말입니다(살후 2:8, 딤전 6:14, 딤후 1:10, 4:1,8, 딛 2:13). 기독교는 이 말을 인간

세계에 그리스도의 나타나심과 동시에 그리스도인이 대망(待望)하는 그리스도의 재림(再臨, 헬라어로 파루시아, παρουσία)을 나타낼 때 사용하고 있습니다.

대림절기(tempus Adventus)는 4주일 계속되어 성 안드레의 날인 11월 30일에서 가장 가까운 주일부터 시작됩니다. 시몬 베드로의 형제인 안드레는 예수 그리스도의 최초 제자이지만 요한복음에 의하면 처음에 세례 요한의 제자였었고 그의 형제 시몬에게 주를 소개하였습니다(요 1:40 이하). 전승(傳承)에 의하면 안드레는 주님의 복음을 흑해 남쪽 지방의 도나우강 하류와 그리스 본토에 전했다고 합니다. 주후 60년 11월 30일, 안드레 사도는 파도라스에서 X자형(字型) 십자가(안드레의 十字架)를 지고 순교하셨다고 합니다.

대강절에는 예수님이 탄생하기 이전의 말씀(마 1:1-25, 눅 1:5-80)이 중요한 역할을 담당합니다. 누가의 기사에서는 특히 세례 요한(John the Baptist)이라는 인물이 중심입니다. 세례 요한은 자기의 세례가 자기보다 '능력이 많으신 이'의 길을 준비하는 것인 줄 알았기 때문에 그분이 오시면 성령으로 세례를 주실 것이라 했습니다(요 1:24-36). 특히 "세상 죄를 지고 가는 하나님의 어린 양이로다"(요 1:29)라는 선언은 예수께 대한 요한의 신앙고백이라 할 수 있습니다.

세례 요한은 엘리야의 뒤를 따른 선지자로서 사해 서편의 유대광야에서 (눅 1:17) 약대 털옷을 입고 거친 음식, 곧 메뚜기(레 11:22)와 무화과나무, 종려나무에서 나오는 꿀, 곧 석청을 먹었습니다(마 3:4). 그는 구약을 잘 알아 많은 말씀을 인용하였습니다(눅 3:17=사 40:3, 요 1:29=사 53:7).

한국교회는 성장이 정체되어 있는데도 불구하고 커다란 예배당 건물을 짓는 경쟁에 몰두하면서 실용주의와 물량주의를 추구하는 경향으로 교회를 병들게 한다는 지적이 있습니다. 주 그리스도의 재림을 기다리는 그리스도인은 먼저 회개하고 신앙을 가다듬을 때입니다.

하나님은 오시는 분이면서도 현존하시어 우리들과 만나 교통하시고 또 우리가 현재 그분의 임재를 경험하고 있는가 하면 우리보다 언제나 앞서 계시는 영원하신 분이십니다. 예언자들을 통하여 주셨던 약속대로 아기 예수의 형상을 입으시고 오신 과거에 대한 경험도 중요하게 상고해야 하지만 항상 우리들에게 찾아오시는 주님과의 만남을 통하여 새로운 삶을 경험하는 현재적인 사건으로서 성탄절을 맞이하는 마음을 가다듬어야 합니다. 그리고 세상의 끝날에 예고 없이 재림하시어 산 자와 죽은 자를 심판하시기 위해 영광 중에 다시 오실 주님을 기다리는 신앙도 새롭게 해야 합니다.

베들레헴의 아기 예수

강보에 싸여 구유에 뉘어 있는 아기를 보리니(눅 2:12)

인류의 구주이신 그리스도가 이 땅에 강림하시는 성탄절(聖誕節, Christmas)을 맞이하기 위해서 우리는 주님을 갈망하는 경건한 마음을 가져야 합니다. 그리스도께서 오심을 기다리는 마음을 갖지 않고는 오시는 그리스도를 맞이할 수 없기 때문입니다.

구약성경은 주님이 탄생하시기 4,000여 년 전에 여자의 후손(창 3:15)이 되실 것으로 예언되었다는 사실에 주목해야 합니다. 구약성경에 메시아 예언과 성취에 대한 말씀이 많이 있지만 아브라함의 씨(창 22:18)로써, 유다 지파 중 다윗 왕의 자손(삼하 7:12-13, 시 132:11)으로 베들레헴 에브라다에서(미 5:2), 동정녀의 몸을 통해 태어나실 것을 예언하신 것은 근간이 됩니다. 더욱이 메시아가 출현하실 바로 그 시간도 야곱과 다니엘을 통하여 통하여 주어졌다는 것은 놀라운 일입니다(창 49:10, 단 9:24-26).

그리스도(히브리말로 메시아)는 이스라엘의 예언자인 미가의 예언대로 예루살렘 남방 9km 지점에 있는 작은 마을 베들레헴에서 탄생하셨습니다. 당시 객사(客舍)는 만원이었으므로 아기는 안타깝게도 마구간에서 태어나셨고 강보에 싸여 구유(manger, 마소의 먹이를 담아주는 큰 그릇)에 뉘어졌습니다(눅

2:7). 그러나 그리스도의 탄생은 인류 역사를 주전(B.C.-before Christ)과 주후 (A.D.-anno Domini)로 가르는 대사건이 되었습니다.

베들레헴(Bethlehem, 떡집이라는 뜻)은 유대 산악지대 언덕 위에 있고 그 지역에는 많은 동굴들이 흩어져 있습니다. 옛날 동굴들은 양이나 염소 같은 가축을 사육하는 곳으로 사용되었기 때문에 바로 그러한 동물 외양간에서 아기 예수가 탄생하신 것입니다.

하늘과 땅의 만물을 창조하신 분을 아기의 모습으로 보는 것은 얼마나 놀라운 일입니까. 하나님 아버지께서 친히 구유에 누워 있는 아들을 확인하시고 천사들에게 그 이상한 사실에 주저치 말고 아기 예수를 계속 섬기라고 분부하신 것을 상고하는 것이 얼마나 은혜롭습니까. 예수께서 자기를 생명의 떡이라(요 6:48) 하신 것은 지금도 변함없는 진리입니다. 본능을 쫓아 이성(理性) 없는 짐승과 같이(벧후 2:12, 유 1:10) 사는 죄인들에게 생명의 떡이 되시려고 누추한 외양간의 구유에 뉘어지셨는가 생각하면 감사의 기쁜 눈물이 앞을 가립니다.

성탄은 우리들 개개인의 삶에 매우 중요한 계기가 됩니다. 하나님은 이를 통해 우리 안에 있는 영적인 생명력을 일깨워 주십니다. "지극히 높은 곳에서는 하나님께 영광이요 땅에서는 하나님이 기뻐하신 사람들 중에 평화로다"(눅 2:14). 임마누엘 할렐루야.

모든 만물은 그리스도의 인성(人性)과 접촉할 때 변모됩니다. 대기도 그 분의 숨결로 성스러워졌습니다. 이제 모든 감각체험은 저마다 그리스도의 신비를 전하고 있습니다. 천군 천사들이 우리들에게 새로 태어난 아기의 의미를 말과 행동으로 각인시켜 주었기 때문입니다.

베들레헴 근처 들에 주님의 천사가 찬란한 빛을 발하며 등장했으므로 목자들이 겁에 질려 떨었습니다. 그러나 목자들이 그의 이야기를 듣고 두려움을 가라앉힐 때에 그가 몰고 온 빛이 갑자기 수천 배로 확산되면서 목자들의 주위를 하나님의 영광으로 환하게 비추었습니다. 목자들은 약속된 징표를 보기 위해 서둘러 베들레헴에 달려갔고 거기에서 구유에 누워 계신 아기 예수를 보았습니다(눅 2장).

동방박사들은 별의 인도를 따라 베들레헴에 왔고 별의 인도하심이 아기가 있는 곳에 머무르자 저희들이 "가장 크게 기뻐하고 기뻐하더라"라고 표현하고 있습니다. 동방박사들은 마구간에 들어가 황금과 유향과 몰약을 예물로 드렸습니다. 칼빈은 이 예물들에 대하여 왕과 제사장과 그 분의 장사(葬事)되심을 각각 상징하는 것으로 보았습니다.

시므온과 늙은 여선지 안나는 그리스도를 기다리며 살다가 그들의 생전에 아기 예수 그리스도를 만나 보게 되어 생의 목적과 기쁨을 온전히 누렸습니다(눅 2:21-39). 성탄절이 다가오면 선물을 기대하는 순수한 마음은 아름답습니다. 그러나 예수께서 누구시며 왜 이 땅에 오셨는지 모르는 이들이 세속적인 축제로만 성탄절을 맞는 것은 옳지 않습니다. 성탄에는 모두가 마음속 깊은 곳에 예수님을 영접하는 기쁘고 거룩한 축제를 즐겨야 합니다.

십자가로 막힌 담이 무너지다

내 영혼을 아버지 손에 부탁하나이다(눅 23:46)

주께서는 종려주일(Palm Sunday)에 말이나 병거가 아닌 나귀 새끼를 타시고 평화의 왕으로 예루살렘에 입성하셨습니다(막 11:1-11). 백성들은 종려나무 가지를 흔들고 기뻐 뛰며 호산나('구원하소서'의 뜻)를 외치면서 환호했습니다. 종려나무는 아름다움(아 7:7-8)과 번영(시 92:12)의 상징으로써 성전(왕상 6:32-35), 회당, 유대 돈에도 장식하였고 초막절에 그 가지를 흔들었으며(레 23:40), 마카비 시대 이래 승리의 표식이 되어 왔습니다.

종려주일 다음 날부터 6일간은 수난주간(Holy Week)으로 엄격한 절제기간으로 지켜 오고 있습니다. 수난주간 첫날(월요일)은 열매 없는 무화과나무를 저주하시고 대제사장의 비호 아래 성전세를 은전으로 환전하고 희생제물의 검인을 찍거나 매매하면서 부당이익을 취하고 있었던 장사꾼들을 내어 쫓아 성전이 성전 되게 한 권위의 날입니다.

이스라엘을 상징하는 무화과(無花果)나무(fig)는 유월절기에 잎이 나오며 '이른 무화과'(탁쉬)가 더러 열리고(호 9:10), 8월에 '늦은 무화과'(빅클)를 따게 됩니다(막 11:13). '이른 무화과'는 '늦은 무화과'를 얻을 수 있는 보증이 되므로 주께서 그 나무를 저주하셨고(막 11:14, 20) 예루살렘은 주후 70년에 로마군에 의하여 무너졌습니다(단 9:26).

수난주간 둘째 날(화요일)은 사두개인, 바리새인, 서기관들과 논쟁하고 여러 비유를 들어 전도하신 날입니다(막 11:29~14:10). 수난주간 셋째 날(수요일)은 베다니 나사로의 집에서 휴식하신 날이며 마리아가 주님의 머리에 비싼 나드(nard) 향유를 부어 주님의 장례를 예비하고 가룟 유다가 종 한 사람의 값인(출 21:31) 은 30에 주를 판, 뼈 아픈 날입니다.

수난주간 넷째 날(목요일)은 유월절이 시작된 날이어서 주님이 마가의 다락방에서 제자들의 발을 씻어 주신 세족(洗足) 목요일(Maundy Thursday)이며 최초의 성찬식인 성 만찬(Holy Communion)을 베푸신 날입니다.

주님은 만찬을 마치고 그 밤중에 제자들과 예루살렘성 동쪽 성벽으로 옮겨가면서 고별설교와 중도기도(요 17장)를 하셨습니다. 후에 기드론 시내를 건너 겟세마네 동산에서 밤새껏 피땀을 짜며 기도하시고 가룟 유다가 인도해 온 자들에게 잡히셨습니다(막 14:43~52).

수난주간 다섯째 날(성 금요일, Good Friday)은 수난의 날입니다. 주께서 잡히신 후에 여섯 차례의 재판을 받았습니다. 곧 먼저 안나스의 예비 심문(요 18:13), 산헤드린의 비공식 재판(마 26:57~68), 산헤드린의 공식 재판(마 27:12), 빌라도의 1차 심문(마 27:1~14), 헤롯 안티파스의 심문(눅 23:8~12), 빌라도의 2차 심문과 십자가 처형의 최종 판결(요 18:39~19:6)을 내린 것입니다.

제사장과 산헤드린의 억지 주장에 따라 양심이 마비된 빌라도의 십자가 처형이 확정되자 주께서 가시관을 쓰시고 조롱을 받으신 후에 십자가를 지시고 총독 관정에서 예루살렘 성 서쪽 성문 밖에 있는 골고다(해골이란 뜻, 라틴어로 calvaria) 언덕까지 비아 돌로로사(Via Dolorosa) 곧 슬픔의 길(The Way of Sorrow)을 가셨습니다.

지금도 금요일마다 세계 각국의 순례자들이 주님의 십자가 멨었던 열네 곳에서 멈춰 서서 감사의 기도를 드리며 행진하고 있습니다. 곧 빌라도에게 정죄되신 곳(요 19:13-16), 십자가를 지신 곳(요 19:17), 첫 번째 넘어지신 곳(눅 23:36), 마리아를 만나신 곳, 구레네 시몬이 십자가를 대신 진 곳(눅 23:36), 베로니카가 주님의 땀을 씻었다는 곳.

그리고 두 번째 넘어지신 곳, 예루살렘 여인들을 위로하신 곳(눅 23:28), 세 번째 넘어지신 곳, 주님의 옷을 나눈 곳(요 19:23-24), 십자가에 달리신 곳(마 27:35), 운명하신 곳(요 19:30), 십자가에서 시체를 내리운 곳(요 19:38)과 장사한 곳(요 19:39-42)입니다. 주께서 잡히신 후 십자가에 못 박히시기까지 불과 10시간도 채 되지 못하는 불법의 행진이었습니다.

십자가에서의 일곱 말씀(Seven Words from the Cross, 架上七言)을 전승된 순서에 의해 정리하면 1. "그들을 사하여 주소서"(눅 24:34, 행 7:60), 2. "나와 함께 낙원에 있으리라"(눅 23:43), 3. "저가 아들이니이다"(요 19:26-27), 4. "엘리 엘리 라마 사박다니"(마 27:46, 시 22:1), 5. "내가 목마르다"(요 19:28), 6. "다 이루었다"(요 19:30), 7. "내 영혼을 아버지의 손에 부탁하나이다"(눅 23:46, 시 31:5)입니다.

주께서 죽으심으로 성부 하나님과 우리들 죄인 사이에 막혔던 담이 무너졌습니다. 성소와 지성소 사이의 휘장이 위로부터 아래까지 찢어졌고(마 27:51), 하나님께 나아갈 길이 열렸습니다. 그리스도인은 이저 새 생명을 약속 받고 천국 갈 소망을 갖게 되었습니다.

어둠에서 빛으로, 죽음에서 생명으로

우리의 유월절양 곧 그리스도께서 희생되셨느니라(고전 5:7)

시인 이해인 수녀는 그의 사순절 기도시 중에서 "마음의 얼음도 풀리는 봄의 강변에서 / 당신께 드리는 나의 편지가 / 또다시 부끄러운 죄의 고백임을 / 슬퍼하지 않게 하소서"라고 읊조리고 있습니다. 7세기경, '재의 수요일'(Ash Wednesday)을 사순절(四旬節, Lent)의 첫날로 정한 것은 구약에 근거하여 참회와 애도의 뜻으로 회중에게 재를 바르는 관습에서 비롯되었습니다.

교회는 주후 325년 니케아공의회(Council of Nicea)의 결정에 따라 부활절(復活節, Easter or Paschal)을 춘분(春分, 일 년 중 낮과 밤의 길이가 꼭 같다는 절기) 이후 보름이 지난 첫 주일에 지켜야 한다는 것과 부활절을 준비하는 40일 기간(Quadragesima)을 사순절로 정하고 있습니다.

교회사에 의하면 2세기부터 부활절의 날짜에 관한 소위 부활절 논쟁(Paschal controversies)이 계속되어 왔고 오늘날까지도 동방교회에서는 서방교회와 다른 춘분계산법을 취하고 있어 절기 중 때의 차이가 발생하고 있습니다. 또 동방교회는 유대인들이 유월절을 지키는 날, 곧 니산월(태양력 3-4월에 해당) 14일 저녁부터 지키는 관습을 따르고 그날이 그 주간의 어느 날이 되더라도 부활절을 지킬 수 있다는 데 반하여 서방교회는 샤를마뉴(찰스 大帝, Charles the Great, 742-814) 시대부터 니케아 결정에 따라 항상 일요일에 부활절을 지켜왔습니다.

유대인들은 일 년에 한 번 유월절에 애굽 탈출을 기념할 뿐 아니라 성전에서 연중 매일 저녁제사 때 애굽 탈출을 기념했고 아침제사 때 시내산 계약(十誡命)을 기념했습니다. 하나님은 이스라엘 백성을 애굽의 종살이에서 벗어나게 하시고 약속된 땅에 이르는 고난의 길을 영광으로 이끄셨기 때문입니다. 사도들과 초대교회도 주님의 수난과 죽으심, 그리고 부활을 유월절의 신비적인 사건이라 깨닫고 "우리의 유월절 양(파스카, πασχα) 곧 그리스도께서 희생되셨다"고 했습니다(고전 5:7). 그리스도께서 희생양이 되셔서 백성들의 죄를 도말하셨기 때문입니다.

신약에서 27회 사용되고 있는 '파스카' 는 유월절, 유월절 잔치(요 18:28), 또는 유월절 양(고전 5:7)으로 번역되고 있습니다. '파스카' 의 어원은 히브리어에서 '뛰어넘다' (pass or spring over)를 뜻하는 '파사흐' (psah)에서 파생한 유월절, 곧 '페사흐' (pesah; Passover)라는 낱말이 유대인들의 일상어인 아람어로 '빠스카' 라 한 것을 그대로 헬라어와 라틴어로 옮긴 것이라 보고 있습니다. 물론 유월절은 출애굽기 12장에서 유래된 것이지만 현대 신학에서도 속박에서 해방으로, 어둠에서 빛으로, 죽음에서 생명으로 '뛰어넘는다' 는 뜻으로 사용되고 있습니다.

주께서 수난을 당하신 날(Day of the Lord's Passion), 곧 어둠을 되새기는 성 금요일(Good Friday)은 사순절로 확대되고 밝은 면을 기념하는 부활절은 오순절, 곧 성령강림주일(Pentecost, Whitsunday)로 확장되었습니다. 광야에서 주님이 40주야를 단식하셨고 성서에서 40이라는 숫자는 특별한 의미를 갖는 많은 본문을 배경으로 하고 있습니다. 사도행전 1장 8-11절에 의하면 주께서 부활하신 후 40일 동안 사도들에게 자주 나타나셔서 가르치셨으므로 부활주일부터 40일을 계산하면 부활 후 여섯째 주간 목요일에 승천(昇天, ascension)하신 것이 됩니다.

땅에 뿌리진 씨앗이 죽으면 많은 열매를 맺고 부활의 풍요를 누리게 됩니다. 주께서도 십자가에서 죽으셔서 부활의 영광을 입으시고 주의 많은 백성을 구원하셨습니다. 밤이 죽음을, 낮이 생명을 상징하는 것으로 보면 밤에 잠자리에 드는 것은 묻히는 것에, 아침에 일어나는 것은 부활에 비유할 수 있고 잠에서 깰 때를 '건너뛰는 시간'으로 볼 수도 있습니다. 우리가 이 사순시기에 매일 옷이 아니라 마음을 찢으며 자기를 성찰하고 이웃을 위해 자기를 희생할 때, 주께서 우리를 들어 높이실 것입니다.

주님의 고난과 동행하다

내가 그리스도와 함께 십자가에 못 박혔나니(갈 2:20)

사순절(四旬節: Lent)은 모든 신자들이 영적으로 주님의 수난과 죽음에 동참하여 성실하게 참회하면서 부활절(Easter)을 준비하는 중요한 절기입니다. 교회력에 의하면 사순절은 부활절 전야(Easter eve)부터 뒤로 거슬러 46일에 해당하는 수요일, 곧 성회(聖灰) 수요일(Ash Wednesday)에 시작되며 부활절은 매년 3월 21일 이후의 만월(滿月) 다음의 첫 주일로 합니다. 또 성회 수요일부터 부활절 전야까지는 사순절에 포함되지 않는 여섯 번의 주일이 있는데 46일에서 이 6일을 제외하면 40일간의 사순절 절기가 되는 것입니다.

원래 주후 1세기 기간에는 주께서 십자가에 못 박히신 성 금요일(Good Friday) 저녁부터 부활하신 아침까지 단 40시간을 사순절로 지키고 깊은 슬픔 가운데 그 40시간이 끝나는 오후 3시에 부활절 예배를 드렸다고 합니다. 곧 주님의 고난과 부활은 바로 유대인의 유월절(Passover) 시기였으므로 히브리 사람들인 사도들과 개종자들은 그들의 옛 절기인 유월절에 새로운 의미를 붙여 사순절과 부활절을 지킨 것입니다(고전 5:7). 사순절이 공인된 것은 주후 325년의 니카야 종교회의에서부터이며 주후 3세기에는 현재의 고난주간(Holy Week)인 6일간으로 사순절이 늘어났다고 합니다. 그 후 1년 365일의 십일조인 36일간으로 증가된 시기가 있었고 오늘날과 같이 40일 간의 절기로 된 것은 주후 731년경 샤를마뉴(Charlemagne) 대제 시대에 그 36일에 4일을 추가한 것에서 비롯되었다고 합니다. '40'이라는 숫자는 창세기 홍수 기사에서 큰 비가 땅 위 40일 밤낮 없이 내렸다는 말씀에서 시작하여, 모세의 40일간 시내산 금식, 엘리야의 로뎀나무 아래서 하나님의 산 호렙까지 40일 밤낮의 순례, 이스라엘 백성의 40년 간 광야 방랑, 주님의 40일 밤낮의 광야 금식과 부활주일(Sunday of Easter)부터 40일째 날에 주님이 승천하신 날(Ascension Day)과 같이 깊은 의미가 있어 사순시기의 순례여정이 되기에 충분합니다.

부활절이 내적인 부활로 인간을 근본적으로 치유하는 것이라면 사순절의 첫 프로그램은 부활의 은총에 의한 그 치유를 받기 위해 참회하면서 먼저 세속적인 욕구를 끊어버리는 것입니다. 그리고 주님이 우리의 구원을 위해 걸어가신 '슬픔의 길'에 동행함으로서 주님의 고난에 함께 하며 뿌리 깊은 자기 중심성을 극복해 나아가야 합니다.

둘째, 사순절기는 말씀공부에 힘써 그리스도의 인격을 깨달아 소유하는 기간이 되어야 합니다. 베다니의 마리아는 복음을 이야기(words)가 아닌 주님의 말씀(Word)으로 경청한 후 옥합을 열어 주께 향유를 발라 드려서 장례를 예비할 수 있었습니다. 세례를 준비하는 사람뿐만 아니라 성경 읽기를 통해 주님에 대한 지식이 자라는 기간이 되어야 하고 서로 은혜를 나눌 수 있어야 합니다.

셋째, 사순절기는 주님이 유혹과 싸우시면서 얼마나 고통이 심하셨을까를 묵상하며 기도하는 기간이 되어야 합니다. 고통이 얼마나 극심했던지 온 몸에서 땀이 떨어져 핏방울 같이 되었다고 했습니다(눅 22:44). 우리들도 주님을 바라보며 우리들의 영혼을 유혹하는 마귀에 굴복치 말그 땀 흘리며 기도합시다.

넷째, 사순절기는 십자가와 그 구속의 의미를 증거할 수 있는 기간이 되어야 합니다. 헨리 나우웬은 "나는 내 삶이 그리스도의 죽으심과 부활에 대한 지속적인 선포가 되어야 한다고 말할 때, 당신이 그 의미를 이해하리라는 희망을 가지고 이 말을 하고 있습니다."라고 했습니다. 부활을 기념하는 주일들을 위해 매주 엿새도 묵상하며 전도하는 기간이 되게 하면 더욱 좋을 것입니다. 사순절, 귀한 절기에 참포도나무에서 스며들어오는 귀중한 수지(樹脂)를 풍족히 누리면서 많은 열매를 맺읍시다.

슬픔과 고통을 이기는 부활의 소망

나는 부활이요 생명이니 나를 믿는 자는 죽어도 살겠고(요 11:25)

주께서는 죽음을 이기시고 부활하셨습니다. 죽은 것 같았던 가지에서 꽃이 만발하듯이, 잠자던 만물이 봄빛에 소생하듯이 부활의 주님은 무덤에서 다시 살아나셨습니다. 주께서 슬픔과 고통을 기어코 이길 수 있다는 부활의 소망을 주셨습니다. 그러므로 부활주일(Easter Sunday)은 승리의 날이요 소망의 날입니다.

영어에서 부활절(Easter)을 뜻하는 말은 앵글로색슨(Anglo-Saxon)족의 봄과 빛의 여신인 이스틀(Eostre)의 이름에서 유래되었다는 설이 있습니다. 주님의 고난과 부활은 유월절 절기에 관련되므로 히브리인 사도와 개종자들은 유월절(πασχα, 파스카)에 의미를 붙여 부활절을 '파스카' 라 불렀고 라틴어에서도 Pascha로 일컬어지고 있습니다(고전 5:7).

수난주간 여섯째 날(토, 부활절 전야, Easter eve)은 주께서 무덤에 계셨고 제자들이 슬픔에 잠겨 있던 날입니다. 그러나 부활전야의 어둠은 이성과 감정을 뛰어넘어 영원 속에서 생명을 주시는 신비로운 어둠이셨습니다. 부활의 촛불(pascal candle), 그 불꽃에 동참하는 사람들에게는 부활과 생명의 새 길이 '빈 무덤' 으로 이끌기 때문입니다.

십자가의 승리는 '빈 무덤' 위에서 밝히 드러났습니다(마 28장, 막 16장, 눅 24장, 요 20장). 부활하신 주님은 막달라 마리아를 위시하여 제자들에게, 500여 신도에게 일시에 나타나 보이셨습니다. 우리는 성경에서 그리스도의 부활과 우리들의 삶과의 관계를 찾아 마음에 새겨야 합니다.

첫째, 사도 바울은 그리스도의 부활이 우리들에게 의와 구원을 주시기 위한 것이라 했습니다(롬 4:25). 곧 주님의 부활은 우리의 구원을 이루시기 위한 하나님의 능력입니다. 대체로 우리는 그리스도의 십자가로 인하여 구원받은 것처럼 생각하지만 사도 바울은 그리스도의 부활이 우리에게 의와 구원을 얻게 하는 신앙적 기초라 했습니다.

사도 베드로도 그리스도의 부활이 우리의 구원과 밀접한 관계가 있다는 것을 밝혀주고 있습니다(벧전 3:21). 사람이 세례의 형태에 참여하는 것을 곧 구원이라 말하지 않습니다. 세례는 오직 그리스도의 부활하심에 참여하여 주님과 연합한 후 생명을 얻었다는 고백을 할 때만 구원의 표시가 되기 때문입니다.

둘째, 주님의 부활을 믿는 신앙은 우리에게 새 생명과 승리를 가져옵니다. 세상을 이기신 주님의 부활은 우리에게 주 안에서 평안을 누리게 합니다(요 16:33). 이 평안은 세상에서 핍박을 당할 수 있지만 담대하게 합니다. 어부의 생활로 돌아갔던 제자들도 부활하신 주를 만난 후 담대하게 부활의 복음을 전했기 때문입니다.

셋째, 그리스도의 부활은 또 우리의 부활을 보장합니다. 사도 바울은 "이제 그리스도께서 죽은 자 가운데서 다시 살아 잠자는 자들의 첫 열매가 되셨도다"(고전 15:20)라고 지적하였습니다. 첫 열매(레 23:10-14)는 수확물 전체를 대표할 뿐만 아니라 후에 거두어질 열매들까지도 암시합니다. 곧 주의 부활은 성도들의 뒤이은 부활을 보증합니다(골 1:18).

나사로(요 11:43-44), 야이로의 딸(막 5:41-42)과 나인성 과부의 아들(눅 7:14-

15)은 다시 죽을 몸으로 살아난 것뿐입니다. 그러나 주님은 다시 죽지 않을 몸으로 부활하셨고 이러한 의미에서 잠자는 성도들의 첫 열매가 되신 것입니다. 주의 부활은 믿음으로 말미암아 우리의 신앙생활과 관련될 뿐만 아니라 장차 올 종말적인 소망에 연결됩니다.

넷째, 사람들의 부활에는 생명의 부활과 심판의 부활이 있다고 했습니다(요 5:29). 또 심판은 주님을 배척하는 것에 기인합니다(요 3:36). 다니엘은 "땅의 티끌 가운데서 자는 자 중에 많이 깨어 영생을 얻는 자도 있겠고 수치를 당하여서 영원히 부끄러움을 당할 자도 있을 것"(단 12:2)을 예언했습니다.

주께서 승천하신 날(Ascension Day)은 부활주일부터 40일째 되는 날입니다(행1:3,6-11). 승천하신 곳은 예루살렘을 굽어볼 수 있는 감람산의 네 봉우리 중 두 번째로 높은 '승천하신 봉우리'(The Ascension, 840m)로 추정하고 있습니다. 스가랴 선지는 마지막 날 주께서 감람산에 서실 것을 예언하고 있습니다(슥 14:4-5).

주께서 부활의 새벽에 무덤에서 살아나신 것은 세상의 모든 문제와 관련됩니다. 곧 부활 없이 교회가 탄생할 수 없습니다. 실제로 교회는 부활절에 이어지는 오순절(五旬節, Pentecost)에 세워졌습니다.

성령 충만한 그리스도의 몸

사도행전 1장과 2장은 히브리인들의 오순절(펜테코스테)에 주께서 약속하신 성령을 초대 그리스도인들에게 부어주신 경위를 기록하고 있습니다. 성령께서 강림하신 이 사건은 성 금요일과 부활주일의 연장선상에서 일어난 구속사역일뿐 아니라 하나님의 백성들에 대한 추수의 시작이기도 합니다.

성령강림주일은 보통 세례의식을 행하는 절기에 해당되었고 세례를 받는 이들이 흰 옷을 입었기 때문에 '흰 일요일'(Whitsunday)이라고도 했습니다(계 3:5 참조). 성령강림일은 유대인의 오순절(五旬節)에 관련되고 있는데 오순절의 명칭은 헬라어 서수(序數)에서 오십번 째를 뜻하는 '펜테코스테'에서 비롯되었습니다(행 2:1). 또 오순절은 유월절 이후 7주째에 해당되고 보리의 수확을 마치고 밀 추수를 시작하는 절기에 해당되므로 칠칠절(출 34:32, 신 16:10, 레 23:15-21), 맥추절(Feast of Harvest, 출 23:16) 또는 초실절(Feast of First Fruits)이라고도 했습니다.

이스라엘 백성은 여러 절기를 지키면서 서로 단합하고 하나님을 경외하여 왔습니다. 특히 민족 구원과 추수에 관련된 3대 절기, 곧 유월절(Passover, 민 28:16-25, 레 23:5-8), 오순절과 초막절(Feast of Tabernacles, 레

23:34-36, 신 16:13-17)에는 모세 율법에 의해 이스라엘 남자들이 성전에서 거행되는 전례에 매년 참여해야 했습니다. 주님의 권면에 따라 '마가의 다락방'에서 기도에 열중하고 있던 약 120명의 제자들에게 주께서 약속하신 성령을 부어주신 날을 '첫 번째 그리스도인의 오순절'(The First Christian Pentecost)이라고 했습니다(행 1:4, 13, 15, 2:1-4).

이러한 성령강림일에 되어진 일은 구약성서에서 이스라엘 민족이 출애굽하여 50일째 되던 날 하나님께서 십계명(Decalogue, Ten Commandments)을 주시기 위해 시내산에 임재(the Sinai Theophany)하셨을 때 우뢰와 번개와 나팔소리로 온 산이 진동하고 구름으로 뒤덮였던 현상과 비교되고 있습니다(출 19:16-19). 따라서 후기 유대교, 곧 주후 70년 베스파시아(Vespasian) 황제의 아들 티투스(Titus) 장군이 이끌고 온 로마군대에 의해 예루살렘 도성과 성전이 파괴된 이후에는 추수절기를 시내산에서 율법을 받은 날과 함께 '율법의 날'로 기념했습니다. 또 '불의 혀'(행 2:3)는 '타는 떨기나무'(출 3:2)와도 대조하고 있습니다.

구약성서에서 성령은 주로 '하나님의 영'(루아흐, ruach)이라 표현되고 있습니다. 곧 '루아흐'라는 히브리어는 구약성서에서 389회 등장하는데 그 중에서 대략 107회는 자연과 인간의 삶에 대한 하나님의 활동을 표현하고 있습니다(창 1:2, 삿 3:10, 11:29, 14:6, 삼상 16:13, 사 61:1, 겔 11:5, 36:27). 또 '르아흐'는 움직이는 '바람'과 생명의 '호흡'을 나타내고 있습니다(창 3:8, 출 10:13, 삿 15:19). 그리고 70인역성경에서 이 히브리어 '루아흐'는 헬라어 프뉴마(Pneuma)로 번역되었으며 신약성서에서 성령은 '프뉴마 하기오스'로 표현하고 있습니다.

신약성서에서 성령의 사역은 처음에 구약성서의 활동수준을 벗어나지 못했으나(요 7:39), 주님의 수난과 부활이 있고 성령께서 강림하신 후에는 놀라운 지혜와 권능으로 교회를 성령 충만한 그리스도의 몸으로 변화시켰습니다(행 2:1-13). 신약성서에서 성령의 은사는 첫째, 그리스도인들에게 하나님이 내주하심(divine indwelling)이요(롬 8:9,14) 둘째는 성령의 열매를 체험함으로써 사람의 품성을 높여주고 있으며(갈 5:22-23), 셋째, 성령이 영향력뿐만 아니라 인격 형성을 돕고 계시는 것을(고전 12:11, 롬 8:26-27, 15:30, 엡 4:30, 갈 4:6) 특징으로 하고 있습니다.

성령께서는 하늘의 권세를 나타내는 급하고 강한 바람과 같은 소리와 정결케 하는 힘을 상징하는 불의 혀 같이 갈라지는 모습으로 임하셔서 사람들 사이에 모든 장벽을 무너뜨리고 선교의 큰 수확을 이루었습니다. 또 우리 안에 내주하시는 성령께서는 언제나 우리가 말씀에 민감하게 귀를 기울이도록 이끄시고 계십니다. 그리하여 교회가 교회답게 그리스도의 소명에 응답하도록 하고 하나님의 선하심과 긍휼하심을 더 넓고 깊게 드러내도록 변형시켜가고 있습니다.

감사로 시작하는 그리스도인

항상 기뻐하라 쉬지 말고 기도하라 범사에 감사하라(살전 5:16-18)

데살로니가전서는 사도 바울의 종말론이라고도 합니다. 그리스도인들이 아름다운 신앙을 끝까지 지키다가 주께서 재림하시는 날 성결한 몸과 마음으로 주님을 영접하도록 간곡히 당부하는 내용을 담고 있기 때문입니다. 곧 항상 기뻐하고 쉬지 않고 기도하는 성도만이 심한 환란, 풍파, 절망, 실패를 극복하고 범사에 감사할 수 있기 때문입니다.

우리나라에서 추석, 곧 음력 8월 15일은 추수가 끝나는 시기가 아니라 시작되는 시기이기 때문에 우리에게 하늘로서 비를 내리시며 결실기를 주시는 선한 일을 하사 음식과 기쁨으로 우리 마음을 만족케 하신 하나님께 감사하고(행 14:17), 농사에 종사하신 분들의 수고도 감사하는 의미를 지니고 있습니다. 한여름 혹서의 단련을 거쳐 만물이 성장하고 가을에는 결실되고 수장되어 안식으로 들어가기 때문입니다. 금 물결이 논을 휩쓸고 여무는 벼 이삭이 고개를 숙이고 있습니다.

우리나라에서 추석(秋夕)은 '한가위', '가배절'(嘉俳節), '중추절'(仲秋節)이라고도 합니다. 이 때 '한가위'는 큰 명절을 이르는 말입니다. '가배'(嘉俳·嘉排)는 신라 유리왕 때, 궁중에서 팔월 보름에 길쌈 겨루기를 하면서 즐겼던 놀이를 말하였으므로 가윗날을 가배날, 한가위를 가배절이라고도 하였습니다. 중국에서는 우리나라와 같이 추석을 '중추절'(仲秋節)이라 하여 추수감사와 조상숭배의식을 행하였는데 추수(秋收)를 중국어로 '擔稻子'라 하여 음력 8월 15일 전후에 벼를 거두기 시작하는 것을 뜻했습니다.

중국에서는 여러 지역에서 8월 한 달, 특히 그 중에서도 15일부터 25일 사이에 첫 곡식을 조상에게 바치고 토지신에게 감사하기 위해 공예나 연회를 베풀고 있습니다. 이러한 조상숭배의 신앙이 우리나라 추석 의례에 도입되어 구체화되고 정착되어 온 것이 사실입니다. 그러나 추석의 현대적 의미는 산소의 성묘 · 벌초와 같은 조상에 대한 감사의식을 모두 배제할 수는 없으나 향응이나 오락으로 소일할 것이 아니라 인간관계의 상부상조에 명절의 중심을 두어야 합니다.

우리나라 교회가 지켜 온 추수감사절(Thanksgiving Day)의 뿌리는 1620년 메이플라워호(the Mayflower)를 타고 대서양을 건너 북미 플리머스(Plymouth)에 상륙한 필그림 파더스(Pilgrim Fathers), 곧 영국청교도들이 병마로 죽어 가면서도 천신만고(千辛萬苦) 끝에 1621년에 첫 추수를 감사해서 칠면조와 옥수수를 나누어 먹으며 감사예배를 드린 것에 두고 있습니다. 1789년 이 감사제는 조지 워싱턴에 의해 국가 절기로 선포되고 1863년 링컨의 결정으로 해마다 지키게 되었습니다. 현재의 미국 추수감사절은 1941년 법령에 의해 11월 넷째 목요일로 정해져 일반적으로 가족단위로 지켜지고 있습니다.

히브리인의 주식물은 보리와 밀인데 보리 추수의 첫 소산은 유월절 기간 중에 있는 안식일 다음날, 곧 50일째 되는 날(칠칠절 · 오순절) 하나님께 봉헌됩니다(레 23:4-22). 물론 우리의 주식물은 쌀이요 수확기도 이스라엘과 다릅니다. 그러나 우리의 환경과 전통에 맞게, 또 신앙적으로도 신실하게 우리 고유의 명절인 추석을 전후하여 감사절을 구상할 때가 되었다고 생각합니다.

성경은 감사를 하나님께 대한 의무와 책임으로 강조하고 있습니다. 모세는 "네 하나님 여호와께서 네 조상 아브라함과 이삭과 야곱을 향하여 네게 주리라 맹세하신 땅으로 너를 들어가게 하시고 … 옥토를 네게 주셨음으로 말미암아 그를 찬송하리라"(신 6:10-12, 8:10)고 명령했습니다. '여호와께 감사하라'로 시작되는 시편 107편은 포로에서 회복시켜 불러 모으시고 구속하신 하나님을 찬양하고 있습니다. 사도 바울은 교회의 연합과 화평을 권유하면서 '감사하는 자가 되라'고 했고(골 3:15), '하나님을 알되 하나님을 영화롭게 아니하며 감사하지도 아니하고'(롬 1:21)라고 했습니다. 또 그리스도인은 감사로 시작해야 한다고 했습니다(딤전 2:1).

헨리 나우웬(Henri Nouwen, 1932-1996)은 사람들이 과거를 돌이켜 보며 "오늘의 나를 있게 한 모든 좋은 일들에 대해서 감사한다"고 말하기를 좋아하나 "이제까지 내게 일어난, 나를 여기까지 오게 한 모든 일들에 대해 감사한다"고 말할 수 있어야 한다고 했습니다. 그것은 감사하는 마음이 질투와 경쟁심, 원한과 후회, 복수심과 슬픔 등의 감정을 지울 수 있기 때문이라 했습니다. 모든 것을 감사로 시작하는 그리스도인이 되도록 노력해야겠습니다.